Agrippīna
māter fortis

a Latin novella
by Lance Piantaggini

Teacher's Materials
& Choose-Your-Own-Level Readings

Poētulus Publishing
magisterp.com

Copyright © 2018 Lance Piantaggini
All rights reserved.
ISBN: 1720357617
ISBN-13: 978-1720357612

Index Capitulōrum
(et cētera)

Layout & Description of Content	4
I. māter fortis	9
II. in triclīniō	21
III. Līvia	41
IV. in culīnā	57
V. pālus	73
VI. Pīsō?! Rūfe?!	93
VII. fūrem quaerēns	109
VIII. puer bonus	127
IX. pater abest	143
X. frāter Līviae	155
XI. sēcrētum Agrippīnae	171
XII. valē!	189
Choose-Your-Own-Level Glossary (by level)	206
Index Vocābulōrum (all words)	223

Layout
Circling/PQA Notes

Grammar Topics

Vocabulary
i. New Words & Forms
ii. Phrases/Structures
iii. Noun/Adjective Phrases

Possible Discussion Questions

Choose-Your-Own-Level Readings

Activities
i. Sentences for Dictātiōs (standard, Running, or Egg)
ii. Word Clouds

Description of Content
Circling/Personalized Questions & Answers (PQA) Notes

Circling is a technique for making a language more comprehensible to students by questioning, verifying, and restating language. This technique can be overused ad nauseam, so cavē!

Circling is often a part of **PQA**—when you ask students questions using the same language (used in whatever activity or task is going on at the moment) in order to provide more exposure to the language. For example, when you read that Agrippina wants to be a soldier, you could ask the class who wants to go into the military. Via **Circling**, you could use a "shadow" to introduce vocabulary or just to make things more compelling (e.g. "do you like soldiers, or civilian life?" or "do you like soliders, or poets?"). Keep asking personalized questions until you get a different response, compare two students, and you've now used the Latin "mīlitēs placent" several times while learning something about students in the class.

PQA is used **a)** *to learn more about your students in order to provide more personalized, compelling messages in Latin,* **b)** *to connect Latin to students' lives in a way that is based on meaning, content, and not the language itself, and* **c)** *to establish an entertaining purpose to listening to the language. For some,* ***Circling/PQA*** *is simply how to talk to language learners.*

Grammar Topics
Grammar Topics per chapter are organized according to the National Latin Exam (NLE), including Latin examples for each listing. Use these to plan discussions, assignments, supplemental readings, etc.

Vocabulary
i. New Words & Forms
A list of all new words, and new forms of previously seen words.

ii. Phrases/Structures
Phrases/Structures are organized by the Top 16, and then other verbs according to the 52 Most Important Verbs (found on magisterp.com). The concept is to provide exposures to the most frequent verbs (i.e. is, has, goes, wants, likes, etc.) before expanding to the next set of most frequent words, but this is only a guide. It's important to use words necessary to communicate, even if they fall outside of a Tier, or aren't included on the list at all.

iii. Noun/Adjective Phrases
Nouns and adjective phrases are organized by order of appearance.

Possible Discussion Questions
Questions for discussions, PQA, games, comprehension checks, etc. If used as open-book assessments, it is recommended that you use the English versions to avoid backpedaling (i.e. using the question wording to copy a response directly from the text, without necessarily comprehending the question). These questions focus on the Top 16 verbs whenever possible.

Choose-Your-Own-Level Readings

Readings from a new kind of novella providing more exposure to the phrases/structures found in *Agrippīna: māter fortis* via a parallel story of Livia, Agrippina's neighbor. The novella features 3 different levels under one cover, which readers choose, and can switch between at any time (e.g. moving up a level for a challenge, or down a level for faster reading and/or higher confidence).

The first level, **A (Alpha)**, is simpler than *Agrippīna: māter fortis*; the second level, **B (Beta)** is the same level, and the third, **Γ- Δ (Gamma-Delta)** is more complex.

Activities

These Teacher's Materials include several whole-class activities for each chapter ready-to-go. Visit magisterp.com and search for "Input-Based Strategies & Activities" for a current list of no-prep to low-prep activities to use with *Agrippīna*.

i. Sentences for Dictātiōs (standard, Running, or Egg)
10 selected sentences from the first half of each chapter to be used in a variety of ways, including the following:

Dictātiō

Read the first sentence, slowly. Students write down *exactly* what they hear, in Latin. Repeat the sentence 2x or 3x. Project/write sentence on the board so students can check to see if they heard anything differently. If they did, they write down the model that is projected/written. Continue with the next sentences. I recommend doing 5 at a time, while **Circling** and asking **PQA** throughout, and then using the other 5 sentences for another **Dictātiō** activity on a different day. This can be used as a *pre*-reading, or *dum*-reading activity.

Running Dictātiō

Print, cut, and post sentences around the room, in the hall, or both. Students pair up, and take turns running to a sentence, memorizing it, dictating to their partner, and translating the sentence together. This can be used as a *pre*-reading, *dum*-reading, or *post*-reading activity. If used as *dum* or *post*-reading, instruct students to arrange the sentences in order because they'll already be familiar with the events of the narrative.

Egg Dictātiō

Print, cut, and fold sentences into plastic eggs placed into a bowl in center of the room. Procedure is similar to **Running Dictātiō**, except that students bring the *closed* egg to their partner, open it, and dictate right there. *Monitor to make sure students aren't just copying from the sentence strip!* As an added novelty, write TPR commands on scrap paper and put them into "decoy" eggs (e.g. "pick up the textbook, and read page 32 to Magister P" etc.).

ii. Word Clouds

There are 3 types of **Word Clouds**; 10 high frequency Latin phrases, 10 other Latin phrases, and phrases in English. These all can be used in competitive classroom games. For example, in pairs, give students different colored pencils/highlighters, and a Latin **Word Cloud** face down. Call out an English phrase, count to 3. Students then flip over the paper, circle/highlight the Latin phrase before their partner does, and earn a point. Most points wins. *This game gets rowdy!*

For more input, give students the English **Word Cloud**, announce "#1," and begin reading the chapter aloud. When students hear you say a Latin phrase found in quadrant #1, they race their partner to be first to circle/highlight it. After victory dances settle, announce "#2," and continue reading the chapter. The phrases in quadrants 1-4 are evenly spaced out in chronological order according to the text so that students hear nearly the whole chapter by the time you say the Latin phrase located in quadrant #4.

I
māter fortis

Grammar Topics

Nouns:
1st *Agrippīna*
2nd *sēcrētum, Amphitheātrum Flāvium, pālus, domus*
3rd *māter, gladiātōrēs, mīlitēs*
4th *exercitus*

Nominative:	subject and predicate *Agrippīna māter est*
Genitive:	possession *māter Pīsōnis et Rūfī*
	object of prepositions *in gladiātōrēs, in mīlitēs, in pālum*
Ablative:	object of prepositions *in Amphitheātrō Flāviō, in exercitū*
Locative:	place where *domī*

Adjectives:
1st/2nd *Rōmāna, bona, tūtus*
3rd *fortis*
noun/adjective agreement *māter Rōmāna, māter bona, māter fortis*
    mātrēs Rōmānae, exercitū Rōmānō, sēcrētum tūtum

Adverbs: *fortiter, clam, nōn, valdē*
Conjunctions: *et, sed, nam, autem, cum, quia*
Prepositions: *in*

Verbs:
1st *pugnāre*
2nd *habēre, dēbēre*

indicative:	present active *habet, pugnat, dēbent*
subjunctive:	cum clause *cum absint*
infinitive:	present active *pugnāre, esse*
irregular:	*esse* (present *est*)
	abesse (present *absint*)
	velle (present *vult*)
appositive	*vult sēcrētum esse tūtum*
impersonal	*placet*

Vocabulary

Chapter 1 Words

absint	esse	mīlitēs	Rōmāna
Agrippīna	est	nam	Rōmānae
Agrippīnae	et	nōn	Rōmānō
Amphitheātrō	exercitū	pālum	Rūfī
Flāviō	fortis	Pīsō	Rūfus
autem	fortiter	Pīsōnis	sed
bona	gladiātōrēs	placet	sēcrētum
clam	habet	pugnat	tūtum
cum	in	pugnāre	valdē
dēbent	māter	quia	vult
domī	mātrēs		

Phrases/Structures & Noun/adjective Phrases

<u>Sweet Sēdecim (Top 16)</u>
esse
    māter est
    fortis est
habēre
    sēcrētum habet
placēre
    pugnāre placet
    valdē placet
velle
    vult esse

<u>Other</u>
abesse
    cum absint
dēbēre
    pugnāre nōn dēbent

pugnāre
    fortiter pugnat
    clam pugnat
    nōn pugnat
    domī pugnat
    pugnat in

māter Rōmāna
mātrēs Rōmānae
māter bona
exercitū Rōmānō
sēcrētum tūtum

Possible Discussion Questions

Latīnē
I. Cūius māter Agrippīna est? estne Agrippīna māter Pīsōnis et Rūfī, an Drūsillae et Sextī?
II. Agrippīna est bona. esne bona, an bonus?
III. Agrippīna sēcrētum habet. putāsne sēcrētum esse bonum?
IV. Agrippīna est fortis, et pugnat. esne fortis? pugnāsne?
V. Cūr Agrippīna clam pugnat? Quid putās?
VI. Agrippīna neque in Amphitheātrō neque in exercitū Rōmānō pugnat. Ubi Agrippīna pugnat?
VII. Agrippīna vult sēcrētum esse tūtum. Quid vīs esse tūtum?
VIII. Quōmodo Agrippīna in pālum pugnat—fortiter, an dēbiliter?
IX. Quid mātrēs Rōmānae nōn dēbent agere—pugnāre, an esse bonae?
X. Agrippīnae valdē placet pugnāre. Quid tibi placet? Quid valdē placet?

English
1) Whose mother is Agrippina? Is Agrippina the mother of Piso and Rufus, or Drusilla and Sextus?
2) Agrippina is good. Are you good?
3) Agrippina has a secret. Do you think that the secret is good?
4) Agrippina is strong, and fights. Are you strong? Do you fight?
5) Why does Agrippina secretly fight? What do you think?
6) Agrippina neither fights in the Colosseum nor in the Roman army. Where does she fight?
7) Agrippina wants the secret to be safe. What do you want to be safe?
8) How does Agrippina fight the wooden stake—fiercely, or weakly?
9) What shouldn't Roman mothers do—fight, or be good?
10) Agrippina really likes to fight. What do you like? What do you really like?

Choose-Your-Own-Level

A (Alpha)

Līvia est māter Rōmāna. Līvia est māter Sextī et Drūsillae. Līvia sēcrētum habet...

Līvia dēclāmitat![1]

Līvia ēloquens est. Līvia ēloquenter dēclāmitat, sed clam dēclāmitat.

mātrēs Rōmānae nōn dēclāmitant. sed, Līviae placet dēclāmitāre!

Līvia nōn dēclāmitat in Circō Maximō. Līvia nōn dēclāmitat in Forō Rōmānō. Līvia domī dēclāmitat! Līvia clam dēclāmitat domī. sēcrētum tūtum[2] est.

Līvia nōn dēclāmitat prō sculptōribus.[3] Līvia nōn dēclāmitat prō senātōribus. Līvia dēclāmitat prō statuā!

Līvia clam dēclāmitat domī prō statuā. Līvia ēloquenter dēclāmitat domī prō statuā. Līviae valdē placet dēclāmitāre!

---

[1] **dēclāmitat** *declaims, or practices declaiming (i.e. speaking to an audience)*
[2] **tūtum** *safe*
[3] **prō sculptōribus** *in front of sculptors*

B (Beta)

Līvia māter Rōmāna est. est māter Sextī et Drūsillae. māter bona et honesta est. Līvia, autem, sēcrētum habet...

Līvia ēloquens est, et dēclāmitat!¹ ēloquenter dēclāmitat, sed clam dēclāmitat. *nam, mātrēs Rōmānae dēclāmitāre nōn dēbent. Līviae, autem, dēclāmitāre placet!*

Circus Maximus

Līvia in Circō Maximō nōn dēclāmitat.

Līvia in Forō Rōmānō nōn dēclāmitat.

Līvia domī dēclāmitat! cum Sextus et Drūsilla absint,² Līvia clam dēclāmitat domī. Līvia est honesta, sed clam dēclāmitat quia vult sēcrētum esse tūtum.³

Līvia prō sculptōribus⁴ nōn dēclāmitat. Līvia prō senātōribus nōn dēclāmitat. Līvia prō statuā dēclāmitat! prō statuā clam et ēloquenter dēclāmitat domī. Līviae dēclāmitāre valdē placet!

---

[1] **dēclāmitat** declaims, or practices declaiming (i.e. speaking to an audience)
[2] **cum absint** whenever they are away
[3] **vult sēcrētum esse tūtum** wants the secret to be safe
[4] **prō sculptōribus** in front of sculptors

Γ-Δ (Gamma-Delta)

Līvia, māter Rōmāna, est māter liberōrum, Sextī Drūsillaeque. bona et honesta est, sed sēcrētum habet...

Līvia, quae ēloquens est, dēclāmitat![1] ēloquenter dēclāmitat, sed clam dēclāmitat. *nam, mātrēs Rōmānae dēclāmitāre nōn dēbent. Līviae, autem, dēclāmitāre placet! dēclāmitandō fruitur.*[2]

Līvia neque in Circō Maximō neque in Forō Rōmānō dēclāmitat.

Līvia domī dēclāmitat! cum līberī, Sextus et Drūsilla, absint,[3] Līvia clam dēclāmitat domī. est māter honesta, sed clam dēclāmitat ut sēcrētum tūtum sit.[4]

Līvia neque prō sculptōribus[5] neque senātōribus dēclāmitat.

Līvia prō statuā dēclāmitat! cum līberī absint, Līvia prō statuā clam ēloquenterque dēclāmitat domī. dēclāmitandō valdē fruitur!

---

[1] **dēclāmitat** declaims, or practices declaiming (i.e. speaking to an audience)
[2] **dēclāmitandō fruitur** derives enjoyment from declaiming (i.e. likes declaiming)
[3] **cum līberī absint** whenever the children are away
[4] **ut sēcrētum tūtum sit** so that the secret is safe
[5] **prō sculptōribus** in front of sculptors

Activities
Sentences for Dictations (standard, Running, or Egg)

Agrippīna māter Rōmāna est.

est māter Pīsōnis et Rūfī.

Agrippīna, autem, sēcrētum habet…

Agrippīna fortis est, et pugnat.

fortiter pugnat, sed clam pugnat.

nam, mātrēs Rōmānae pugnāre nōn dēbent.

Agrippīnae, autem, pugnāre placet!

Agrippīna domī pugnat!

cum Pīsō et Rūfus absint, Agrippīna clam pugnat domī.

in pālum clam pugnat domī.

Word Clouds

<u>10 High Frequency Latin Phrases</u>

- sēcrētum habet
- valdē placet
- māter est
- exercitū Rōmānō
- fortis est
- mātrēs Rōmānae
- vult esse
- māter bona
- sēcrētum tūtum
- pugnāre placet

10 other Latin phrases

- pugnat in exercitū Rōmānō
- pugnāre nōn dēbent
- nōn pugnat
- māter Rōmāna
- fortiter pugnat
- cum absint
- clam pugnat
- tūtum pugnat
- domī pugnat
- sēcrētum

English Quadrant Race

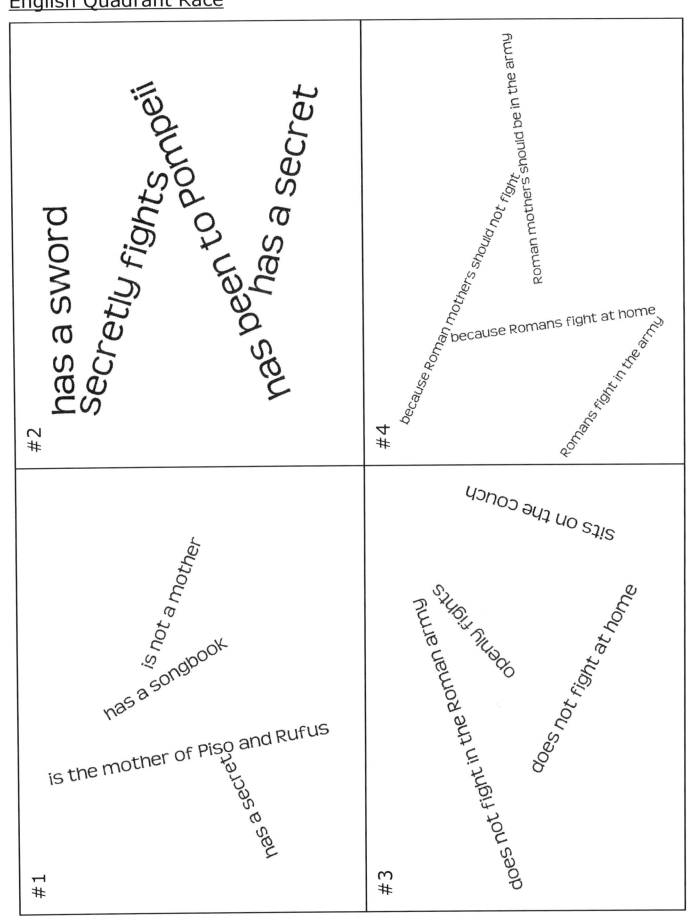

II
in triclīniō

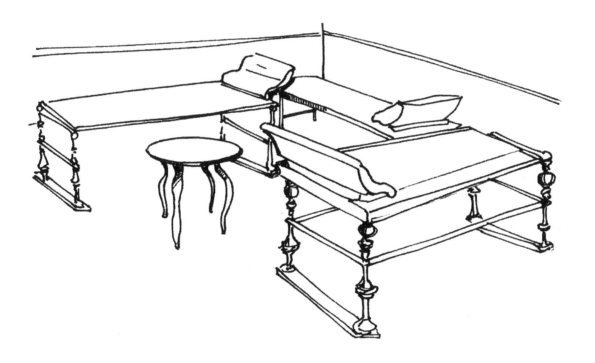

Grammar Topics

Nouns:
1st *Agrippīna, cēna, stola, tunica, tenera, toga, Līvia*
2nd *puer, arma, pālus, Rūfus, triclīnium, lectus, sēcrētum, cubiculum, domus*
3rd *Venus, clāmor, māter, gladiātōrēs, Pīsō, frāter*
5th *diēs, rēs*

Nominative:	subject and predicate *Agrippīna est fortis, clāmor est*
Genitive:	possession *diē Veneris, sēcrētum Agrippīnae, cubiculum Rūfī, frāter Rūfī*
Dative:	indirect object *Agrippīnae nōn placet, mihi nōn placent, Rūfō nōn placent*
Accusative:	direct object *arma sūmit, clāmōrem audit, vīsne cēnam, vidēre gladiātōrēs, arma et pālum pōnit, stolam sūmit, stolam induit, stolās gerunt, arma induit et gerit, Rūfum videt, rem putat, gerit et tunicam et togam, Līviam videt*
	object of prepositions *in pālum, ad cubiculum*
	place to which *domum it*
Ablative:	object of prepositions *ē triclīniō, in triclīniō, in Amphitheātrō Flāviō, sub lectō, sub togīs*
	time when *diē Veneris*
	absolute *puerīs absentibus*
Vocative:	direct address *māter, Rūfe, Pīsō*
Locative:	place where *domī*

Pronouns:
personal: *mihi, ego*
interrogative: *Quid?*

Adjectives:
1st/2nd *laetus, Flāvius, bonus, tūtus, Rōmānus, nūdus, miser, tuus*
3rd *fortis, tristis*

noun/adjective agreement *Agrippīna fortis*, *Amphitheātrō Flāviō*, *bona māter*, *sēcrētum tūtum*, *mātrēs Rōmānae*, *Rūfus nūdus*, *puer Rōmānus bonus*, *māter Rōmāna*, *miserum Rūfum*, *bonus frāter*, *Pīsō laetus*, *Rūfus tristis*, *stolam teneram*, *arma fortia*, *puerī Rōmānī*, *frāter tuus*

Adverbs: *fortiter, subitō, nihil, iam, clam, nōn, valdē, bene*

Conjunctions: *et, quia, autem, sed, quoque*

Enclitics: *-ne?*

Prepositions: *in, ē/ex, sub, ad*

Verbs:
1st *pugnāre, putāre*
2nd *vidēre, subrīdēre, dēbēre*
3rd *sūmere, agere, pōnere, induere, gerere*
4th *audīre*

indicative:	present active *sūmit, pugnat, audit, agis, agō, pōnit, induit, gerunt, gerit, subrīdet, videt, geris, gerō, dēbet, dēbeō, putat, induō*
subjunctive:	cum clause *cum absint*
infinitive:	present active *pugnāre, vidēre, gerere, esse*
participles:	*absentibus*
irregular:	*abesse* (present *absint*)
	esse (present *est, esne, sum*)
	īre (present *it*)
	posse (present *possunt*)
	velle (present *vult, vīsne, volō*)
indirect statement	*videt Rūfum nihil gerere*
impersonal	*placet, placent*

Vocabulary

New Words & *New Forms*

absentibus	**ē**	**puer**	**tenera**
ad	*fortia*	**puerī**	teneram
agis	**frāter**	**puerīs**	**togae**
agō	**gerere**	*pugnō*	togam
arma	geris	**putat**	togīs
audit	gerit	**Quid?**	**triclīniō**
bene	gerō	**quoque**	**tristis**
bonus	gerunt	**rem**	**tunicae**
cēnam	**iam**	*Rōmānī*	tunicam
clāmor	**induit**	*Rōmānus*	tunicās
clāmōrem	**induō**	*Rūfe*	**tuus**
cubiculum	**laeta**	*Rūfō*	**videt**
dēbeō	laetus	*Rūfum*	**vidēre**
dēbet	**lectō**	**stolam**	*vīsne?*
dēbēs	**Līviam**	stolās	*volō*
diē Veneris	**mihi**	**sub**	
domum	**nihil**	**subitō**	
ego	**nūdus**	**subrīdet**	
es	**pōnit**	*sum*	
esne?	**possunt**	**sūmit**	

Phrases/Structures & Noun/adjective Phrases

<u>Sweet Sēdecim (Top 16)</u>

audīre
    clāmōrem audit

esse
    est fortis
    esne in?
    laeta sum
    es domī
    est bona
    tūtum est
    nūdus sum
    nōn dēbet esse
    bonus sum
    Rōmāna sum
    puer es
    esse vult
    laetus est
    tristis est
    tristis sum
    esse tenera
    tenera nōn sum
    sum fortis

īre
    domum it
    it ad

placēre
    gerere nōn placet
    Agrippīnae nōn placet
    valdē placet
    mihi nōn placent
    Rūfō nōn placent

pōnere
    clam pōnit

posse
    gerere nōn possunt

putāre
    rem putat

velle
    pugnāre vult
    vīsne cēnam?
    vīsne vidēre?
    vidēre volō
    gerere volō
    gerere vult
    esse vult
    vīsne esse?

vidēre
    vidēre gladiātōrēs
    Rūfum videt

Other

abesse
   puerīs absentibus
   cum absint

agere
   Quid agis?
   nihil agō

dēbēre
   gerere dēbet
   nōn dēbet esse
   dēbeō gerere
   dēbēs gerere
   dēbeō esse

gerere
   stolās gerunt
   stolās gerere
   arma gerere
   arma gerit
   nihil gerere
   Quid geris?
   nihil gerō
   tunicam gerere
   tunicās gerit
   gerere nōn possunt

induere
   stolam induit
   arma induit

pugnāre
   pugnāre vult
   pugnat in
   fortiter pugnat
   clam pugnat
   fortiter pugnō

subrīdēre
   subrīdet

sūmere
   arma sūmit
   stolam sūmit

ē triclīniō
in Amphitheātrō Flāviō
sub lectō
sēcrētum Agrippīnae
mātrēs Rōmānae
ad cubiculum
Rūfus nūdus
puer Rōmānus bonus
miserum Rūfum
bonus frāter
Pīsō laetus
Rūfus tristis
stolam teneram
arma fortia
puerī Rōmānī
frāter tuus

Possible Discussion Questions

Latīnē
I. Agrippīna arma sūmit et pugnat. Ubi Agrippīna arma fert et pugnat—in culīnā, an in triclīniō?
II. Agrippīna dīcit sē nihil agere (i.e. "nihil agō, Rūfe!"), sed Agrippīna pugnat. estne Agrippīna honesta? esne honesta, an honestus?
III. vultne Rūfus gladiātōrēs, an senātōrēs vidēre?
IV. in triclīniō est lectus. habēsne lectum domī?
V. Quid mātrēs Rōmānae gerunt—togās, an stolās? vīsne stolam gerere? vīsne togam gerere?
VI. puer Rōmānus bonus tunicam gerere dēbet. vultne Rūfus tunicam gerere?
VII. Quis tunicās gerit—Pīsō, an Quīntus?
VIII. Agrippīna tenera esse dēbet. estne Agrippīna laetus, an tristis?
IX. Agrippīna arma induit. habēsne arma? induāsne arma? Quis arma induat—magister, an mīles?
X. Rūfō nōn placet gerere tunicās et togās. Cūr Rūfus et tunicam et togam *iam* gerit?

English

1) Agrippina gets armor and fights. Where does Agrippina carry the armor, and fight—in the kitchen, or in the dining room?
2) Agrippina says that she's not doing anything (i.e. "I'm not doing anything, Rufus"), but she fights. Is she honest? Are you honest?
3) Does Rufus want to see gladiators, or senators?
4) There is a couch in the dining room. Do you have a couch at home?
5) What do Roman mothers wear—togas, or dresses? Do you want to wear a dress? Do you want to wear a toga?
6) A good Roman boy ought to wear a tunic. Does Rufus want to wear a tunic?
7) Who wears tunics—Piso, or Quintus?
8) Agrippina ought to be delicate. Is Agrippina happy, or sad?
9) Agrippina puts on armor. Do you have armor? Would you put on armor? Who would put on armor—a teacher, or soldier?
10) Rufus doesn't like to wear tunics and togas. Why does Rufus wear a tunic and toga, now?

Choose-Your-Own-Level

A (Alpha)

diēs Veneris est diēs Veneris.

Līvia dēclāmitāre vult. Sextus et Drūsilla nōn sunt domī.

Līvia induit[1] togam, et dēclāmitat. Līvia dēclāmitat prō statuā. Līvia ēloquenter dēclāmitat et dēclāmitat et dēclāmitat!

subitō, Sextus domum it!

Līvia: "Sexte, vīsne īre ad Forum Rōmānum? vīsne vidēre sculptūrās in Forō Rōmānō?"

Sextus: "ego volō sculptūrās vidēre! sculptūrās vidēēēēre volōōōō!"

Sextō placent sculptūrae. Līvia est bona māter. Līvia stolam induit.

sēcrētum Līviae est tūtum.

---

[1] **induit** *puts on*

mātrēs Rōmānae gerunt² stolās. Līviae nōn placet gerere stolās. Līviae valdē placet gerere togās! senātōrēs togās gerunt. senātōrēs togās gerunt, et dēclāmitant in Cūriā.

Līvia vult esse senātor. Līvia Sextum videt. Sextus tunicam gerit. Sextus nōn gerit togam. Sextus sculpit!³

Sextus: "ego sculpō. ego sum Sextus Sculptor!"

Līvia: "bene, sed bonī Rōmānī dēfendunt Rōmam.⁴ sculptōrēs nōn dēfendunt Rōmam."

Sextus: "sed...sed...sed ego sum puer bonus! dēfendere Rōmam nōn placet!⁵ sculptūrae placent. ego sculpere volō. scullllllpere volōōōō!"

Līvia...
Sextus sculpere vult. Sextus nōn vult dēfendere Rōmam. Sextus tristis est. ego sum tristis quoque. ego sum māter Rōmāna. mātrēs tenerae⁶ sunt. sed, ego nōn sum tenera. ego ēloquens sum! ego volō esse senātor. ego induō togam, et ēloquenter dēclāmitō. sed, mātrēs Rōmānae nōn possunt esse senātōrēs.

---

² **gerunt** *wear*
³ **sculpit** *is sculpting*
⁴ **dēfendunt Rōmam** *defend Rome*
⁵ **dēfendere Rōmam nōn placet** *defending Rome isn't pleasing (i.e. I don't like)*
⁶ **tenerae** *delicate*

puerī Rōmānī nōn gerunt stolās. puerī Rōmānī gerunt tunicās et togās. Sextō nōn placent togae. sculpens,[7] Sextus nōn gerit togam.

Līvia: "Sexte, vīsne esse puer bonus? frāter meus, Gāius, gerit togam. Gāius Rōmam dēfendēbat. iam, Gāius vult esse senātor. vīsne esse senātor, quoque?"

Sextus nōn vult esse senātor. sed, Sextō placet Gāius. Gāius bonus est. Sextus vult esse bonus, quoque. Sextus iam induit togam.

subitō, Līvia Agrippīnam videt!

---

[7] **sculpens** *sculpting*

B (Beta)

diē Veneris, Līvia dēclāmitāre vult. līberīs absentibus,[1] Līvia togam sūmit, et dēclāmitat. Līvia prō statuā dēclāmitat. Līvia ēloquenter dēclāmitat et dēclāmitat et dēclāmitat!

Sextus

subitō, Sextus domum it! Sextus clāmōrem audit. clāmōrem ē triclīniō audit.

Sextus: "māter, māter, esne in triclīniō? Quid agis? clāmor est!"

Līvia: "nihil agō, Sexte! laeta sum quia es domī. vīsne cēnam? vīsne vidēre sculptūrās in Forō Rōmānō?"

Sextus: "volō sculptūrās vidēre! sculptūrās vidēēēēre volōōōō!"

Līvia bona māter est. nam, Sextō sculptūrae placent. iam, Līvia togam et statuam clam pōnit sub lectō, stolam sūmit, et stolam induit.[2] sēcrētum Līviae tūtum est.

mātrēs Rōmānae stolās gerunt.[3] Līviae, autem, stolās gerere nōn placet. Līviae stolae nōn placent. valdē placet togās gerere! cum Drūsilla et Sextus absint, Līvia togās induit, gerit, et clam dēclāmitat. Līvia togās gerit, quia senātōrēs togās gerunt. Līvia senātōr esse vult. Līvia vult dēclāmitāre in Cūriā, togam gerēns.

---

[1] **līberīs absentibus** *since the children are away*
[2] **induit** *puts on*
[3] **gerunt** *wear*

Līvia est laeta quia sēcrētum est tūtum. subrīdet. ad cubiculum Sextī it. Līvia Sextum videt. Sextus tunicam gerit, sed nōn togam gerit. Līvia videt Sextum sculpere![4]

Līvia: "Quid agis, Sexte?!"

Sextus subrīdet.

Sextus: "sculpō. sum Sextus Sculptor!"

Līvia: "bene, sed puer Rōmānus bonus patriam dēfendere[5] dēbet. Rōmānī bonī sunt mīlitēs. sculptōrēs Rōmam nōn dēfendunt."

Sextus: "sed...sed...sed puer bonus sum! mīlitēs mihi nōn placent, māter! sculptūrae mihi placent. sculpere volō. sculllllpere volōōōō!"

Līvia: "sculptūrae mihi placent quoque, Sexte, sed puer Rōmānus es. dēbēs togam gerere et patriam dēfendere. mīles esse dēbēs. māter Rōmāna sum. ego stolam gerere dēbeō."

Līvia rem putat...[6]
miserum Sextum! Sextō patriam dēfendere nōn placet. Sextus est puer bonus. sculpere vult! bonus Rōmānus, autem, esse mīles et patriam dēfendere dēbet. Gāius, frāter meus, patriam dēfendēbat. Gāius mīles bonus erat. Gāius iam laetus est.

---

[4] **videt Sextum sculpere** *sees Sextus sculpting*
[5] **patriam dēfendere** *to defend the country*
[6] **rem putat** *considers the matter*

Sextus, autem, tristis est. ego quoque tristis sum. māter Rōmāna sum. dēbeō esse tenera.[7] ego, autem, tenera nōn sum—sum ēloquens! dēbeō gerere stolam teneram, sed volō gerere togam. induō togam quia senātor esse volō. induō togam quia ēloquenter dēclāmitō, sed tristis sum. nam, mātrēs Rōmānae senātōrēs esse nōn possunt.

puerī Rōmānī nōn stolās, sed tunicās sub togīs gerunt. Sextō, autem, togae nōn placent. Sextus togātus[8] nōn potest bene sculpere. Sextus vult sculpere.

Līvia: "Sexte, vīsne esse puer bonus? frāter meus, Gāius, togam gerit. Gāius bonus mīles erat, et patriam dēfendēbat, sed iam senātor esse vult. vīsne esse senātor, quoque?"

Līvia māter bona est. Sextus senātor esse nōn vult, sed Sextō placet Gāius. Gāius est bonus. Sextus vult esse bonus quoque. Sextus quoque vult mātrem esse laetam. Sextus iam induit togam.

Līvia laeta est. subrīdet.

subitō, Līvia Agrippīnam videt!

---

[7] **tenera** *delicate*
[8] **togātus** *wearing a toga*

Γ-Δ (Gamma-Delta)

diē Veneris, māne, Līvia dēclāmitāre vult. līberīs absentibus,[1] Līvia togam sūmit, et dēclāmitat. prō statuā ēloquenter dēclāmitat et dēclāmitat et dēclāmitat! subitō, Sextus domum venit! strepitum ē triclīniō audit.

Sextus: "māter, māter, esne in triclīniō? Quid agis? strepitus est!"

Līvia: "nihil agō, Sexte, mī fīlī! laeta sum quia es domī. velīsne cēnam? velīsne īre ad Forum Rōmānum ad sculptūrās videndās?"

Sextus: "volō sculptūrās vidēre! sculptūrās vidēēēēre volōōōō!"

Līvia bona māter est. nam, fīlius Sextus est puer, cui sculptūrae placent. Sextus sculptūrīs valdē fruitur! Līviā volente[2] sēcrētum esse tūtum, toga statuaque sub lectō clam pōnitur ā mātre ēloquente. iam, Līvia stolam sūmit, et induit ut sēcrētum tūtum sit.

mātrēs Rōmānae stolās gerunt.[3] multae mātrēs Rōmānae stolīs fruuntur. Līviae, autem, stolās gerere nōn placet. est māter Rōmāna, cui stolae nōn placent, sed togās gerere valdē placet! cum Drūsilla Sextusque, līberī bonī, absint, Līvia togās

---
[1] **līberīs absentibus** *since the children are away*
[2] **Līviā volente** *with Livia wanting*
[3] **gerunt** *wear*

induit, gerit, et clam dēclāmitat. togās gerit, quia senātōrēs togās gerunt. Līvia, togam gerēns, in Cūriā dēclāmitāre velit. senātor esse velit.

togā et statuā sub lectō positīs,[4] Līvia est laeta quia sēcrētum est tūtum. subrīdens, māter laeta ad cubiculum Sextī it ut fīlium videat. Līvia Sextum in cubiculō tunicam gerere videt. Sextus, autem, togam nōn gerit. Līvia videt fīlium sculpere![5]

Līvia: "Quid agis, Sexte, mī fīlī?!"

Sextus subrīdet.

Sextus: "sculpō. sum Sextus Sculptor!"

Līvia: "bene, sed puer Rōmānus bonus patriam dēfendere[6] dēbet. Rōmānī bonī sunt mīlitēs. sculptōrēs Rōmam nōn dēfendunt."

Sextus: "sed...sed...sed puer bonus sum! mīlitēs mihi nōn placent, māter! sculptūrīs fruor. sculpere volō. sculllllpere volōōōō!"

Līvia: "sculptūrae mihi placent quoque, Sexte, sed puer Rōmānus es. mī fīlī, togam gerere et mīles esse dēbēs ut patriam dēfendās. māter Rōmāna sum. ego stolam gerere dēbeō ut tenera sim."[7]

---

[4] **sub lectō positīs** *placed under the table*
[5] **videt fīlium sculpere** *sees her son sculpting*
[6] **patriam dēfendere** *to defend the country*
[7] **ut tenera sim** *so I'm delicate*

Līvia rem putat...[8]
miserum Sextum! Sextō patriam dēfendere nōn placet. patria ā puerīs Rōmānīs bonīs dēfendī dēbet. Gāius, frāter meus, quī mīles bonus erat, patriam dēfendēbat. iam, frāter laetus est. Sextus, autem, tristis est. ego quoque tristis sum. nam, māter Rōmāna sum, et tenera dēbeō esse. ego, autem, tenera nōn sum—sum ēloquens! stolam teneram gerere dēbeō, sed togam gerendō fruor. togam induō quia senātor esse velim, et ēloquenter dēclāmitō, sed frūstrā.[9] nam, mātrēs Rōmānae senātōrēs esse nōn possunt.

nōn stolae, sed tunicae sub togīs ā puerīs Rōmānīs geruntur. togae, autem, Sextō nōn placent. Sextus togātus[10] bene sculpere nōn potest. hodiē, Sextus sculpere vult.

Līvia: "Sexte, mī fīlī, velīsne puer bonus esse? frāter meus, Gāius, togam gerit. Gāius, quī bonus mīles erat et patriam dēfendēbat, iam senātor esse velit. velīsne senātor esse, quoque?"

Līvia māter bona est. Sextus senātor esse nōn velit, sed Gāius, quī bonus honestusque est, Sextō placet. Sextus bonus esse, et quoque mātrem esse laetam, velit. Sextus togam iam induit ut māter laeta sit. Līvia laetissima est. subrīdet. subitō, Līvia Agrippīnam venientem videt!

---

[8] **rem putat** *considers the matter*
[9] **frūstrā** *frustratingly (i.e. in vain, for no reason)*
[10] **togātus** *wearing a toga*

Activities
Sentences for Dictations (standard, Running, or Egg)

diē Veneris, Agrippīna pugnāre vult.

puerīs absentibus, Agrippīna arma sūmit, et pugnat.

subitō, Rūfus domum it!

Rūfus clāmōrem ē triclīniō audit.

iam, Agrippīna arma et pālum clam pōnit sub lectō, stolam sūmit, et stolam induit.

sēcrētum Agrippīnae tūtum est.

mātrēs Rōmānae stolās gerunt.

Agrippīnae, autem, stolās gerere nōn placet.

Agrippīna est laeta quia sēcrētum est tūtum.

subrīdet. ad cubiculum Rūfī it.

Word Clouds

<u>10 High Frequency Latin Phrases</u>

- clāmōrem audit
- gerere domum placet
- vidēre gladiātōrēs
- tenera nōn sum
- iī clam sunt
- stolam sunt
- gerere nōn possunt
- vīsne esse
- clam ponit
- nōn dēbet esse

10 other Latin phrases

- cum absint
- sēcrētum Agrippīnae
- miserum Rūfum
- arma fortia
- ē triclīniō
- arma induit
- dēbēs gerere
- puerīs absentibus
- fortiter pugnō
- frāter tuus

English Quadrant Race

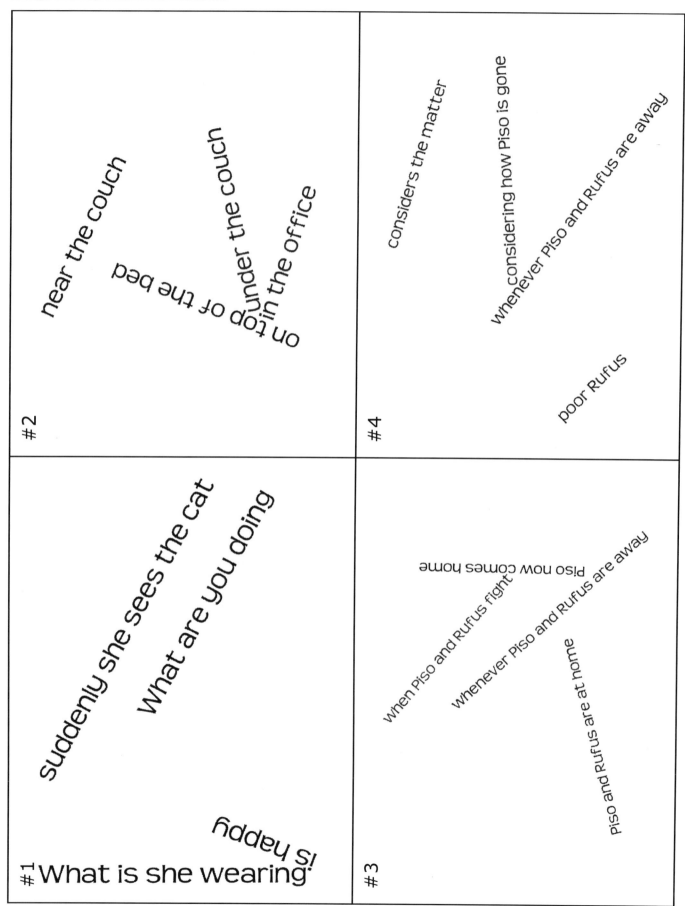

#2
near the couch
on top of the bed
under the couch
in the office

#4
considers the matter
whenever considering how Piso is gone
poor Rufus

#1
suddenly she sees the cat
What are you doing
is happy
What is she wearing

#3
Piso now comes home
when Piso and Rufus fight
whenever Piso and Rufus are away
Piso and Rufus are at home

40

III
Livia

Grammar Topics

Nouns:
1st *Līvia, Drūsilla, stola, cēna, urna, Germānia, Britannia, tunica*
2nd *Sextus, sēcrētum, marītus, Iūlius, Rūfus, triclīnium, puer, domus*
3rd *māter, fūr*
4th *exercitus*
5th *rēs*

Nominative:	subject and predicate *Līvia est māter*
Genitive:	possession *māter Sextī et Drūsillae, urnam Līviae, domō Agrippīnae*
Dative:	indirect object *Līviae placet*
Accusative:	direct object *sēcrētum nōn habet, stolās gerit, cēnās parat, stolās induere, cēnās parāre, habēsne urnam?, urnam quaerō, rem putat, urnam habeō, urnam quaeris, urnam rapuit, cēnās parāmus, videt Rūfum, urnam sūmit*
	object of prepositions *in fūrem*
Ablative:	object of prepositions *in exercitū, cum exercitū, in Germāniā, in Britanniā, in triclīniō, cum urnā*
	place from which *domō it*
Vocative:	direct address *Līvia, Rūfe, Agrippīna*

Pronouns:
interrogative: *Cūr?, Ubi?, Quid?*

Adjectives:
1st/2nd *Rōmānus, bonus, miser, tuus, tūtus, nūdus*
3rd *fortis, tristis*
noun/adjective agreement *māter Rōmāna, māter bona, tenera māter, miseram Līviam, urna tua, marītus tuus, exercitū Rōmānō, marītīs absentibus, mātrēs Rōmānae, Agrippīna tristis, Rūfus nūdus, puer bonus Rōmānus*

Adverbs: *nōn, valdē, subitō, nihil, iterum*

Conjunctions: *quoque, autem, sed, et*

Enclitics: *-ne?*

Prepositions: *ad, in, cum*

Verbs:
1st *parāre, putāre, pugnāre*
2nd *habēre, subrīdēre, vidēre, dēbēre, valēre*
3rd *gerere, induere, quaerere, rapere, agere, sūmere*
4th *īre*

imperative:	present active *valē!*
indicative:	present active *habet, gerit, parat, habēsne, quaerō, putat, habeō, quaeris, putō, pugnat, subrīdet, parāmus, videt, agit, dēbet, sūmit*
	perfect active *rapuit*
subjunctive:	hortatory, jussive *Quid agāmus?!*
gerundives:	*ad cēnam parandam*
infinitive:	present active *induere, parāre, gerere, subrīdēre, esse*
	perfect active *rapuisse*
participles:	*parāns, absentibus*
irregular:	*abesse* (present *abest*)
	esse (present *est, sumus,* imperfect *erat*)
	īre (present *it*)
	posse (present *potest*)
	velle (present *volō, vult*)
appositive	*vult sēcrētum esse tūtum*
indirect statement	*putō fūrem rapuisse urnam, videt Rūfum gerere nihil*
impersonal	*placet*

Vocabulary

New Words & *New Forms*

abest	**Germāniā**	**parandam**	*subrīdēre*
agāmus	*habeō*	*parat*	*sumus*
agit	*habēsne*	*parāmus*	**Tiberius**
Britanniā	*induere*	*parāre*	*tua*
cēnam	**iterum**	*potest*	*tūta*
cēnās	**Iūlius**	*putāns*	*tūtae*
Cūr	*Līvia*	*putō*	**Ubi?**
domō	*Līviae*	**quaeris**	**urna**
Drūsillae	**marītīs**	*quaerō*	*urnam*
erat	*marītus*	**rapuisse**	*urnā*
fūr	*miseram*	*rapuit*	**valē**!
fūrem		**Sextī**	

Phrases/Structures & Noun/adjective Phrases

Sweet Sēdecim (Top 16)

esse
- est Rōmāna
- est bona
- fortis nōn est
- tenera nōn est
- tenerum esse
- tūta nōn est
- erat fūr
- tūtae nōn sumus
- Rōmānae sumus
- tristis est
- esse tūtum
- est nūdus

habēre
- sēcrētum nōn habet
- habēsne urnam?
- urnam habeō

īre
- domō it

placēre
- Līviae placet esse
- placet induere
- valdē placet

posse
- pugnāre nōn potest

putāre
- rem putat
- putō fūrem rapuisse
- rem putāns

velle
- parāre volō
- vult sēcrētum esse
- subrīdēre vult

vidēre
- vidēre Rūfum

Other

abesse
- urna abest
- quoque abest
- marītīs absentibus

agere
- Quid agāmus?!
- Quid agit?

dēbēre
- gerere dēbet

gerere
- stolās gerit
- gerere nihil
- nihil gerit
- tunicam gerere

induere
- stolās induit

parāre
- cēnās parat
- cēnās parāre
- ad cēnam parandam
- parāre volō
- cēnās parāmus

quaerere
- urnam quaerō
- urnam quaeris

pugnāre
- pugnāre nōn potest
- pugnat in
- in exercitū pugnat

rapere
- putō fūrem rapuisse
- urnam rapuit

subrīdēre
- subrīdet
- subrīdēre vult

sūmere
- urnam sūmit

valēre
- valē!

---

māter Rōmāna
mātrēs Rōmānae
māter Sextī et Drūsillae
tenera māter Rōmāna
miseram Līviam
urna tua
marītus tuus

in exercitū Rōmānō
cum exercitū
marītīs absentibus
in triclīniō
puer bonus Rōmānus
cum urnā

Possible Discussion Questions

Latīnē
I. Līvia est māter bona quoque. habetne Līvia sēcrētum?
II. Agrippīna est fortis. estne Līvia fortis? esne fortis? vīsne esse fortis?
III. Līviae placet tenerum esse. placetne tibi tenerum esse?
IV. Quid Līvia quaerit—urnam, an arma?
V. Agrippīna pugnāre potest. potestne Līvia pugnāre? potesne pugnāre?
VI. Quis urnam Līviae rapuit—māter Quīntī, an fūr?
VII. Līvia in fūrem pugnāre nōn potest. possīsne in fūrem pugnāre?
VIII. Quis est marītus Līviae—Iūlius, an Publius?
IX. Tiberius est marītus Agrippīnae. estne Tiberius Rōmae?
X. Līvia urnam Agrippīnae domum fert. Cūr Līvia urnam vult?

English
1) Livia is also a good mother. Does she have a secret?
2) Agrippina is strong. Is Livia strong? Are you strong? Do you want to be strong?
3) Livia likes being delicate. Do you like being delicate?
4) What is Livia looking for—a water-pot, or weapons?
5) Agrippina is able to fight. Is Livia able to fight? Are you able to fight?
6) Who stole Livia's water-pot—Quintus' mother, or a thief?
7) Livia isn't able to fight a thief. Would you be able to fight a thief?
8) Who is Livia's husband—Julius, or Publius?
9) Tiberius is Agrippina's husband. Is Tiberius in Rome?
10) Livia carries Agrippina's water-pot home. Why does she want the water-pot?

Choose-Your-Own-Level

A (Alpha)

Agrippīna quoque est māter Rōmāna bona. Agrippīna est māter Pīsōnis et Rūfī. Agrippīna nōn est ēloquens. Agrippīna est tenera māter Rōmāna. Agrippīna stolās gerit. Agrippīna cēnās parat.[1]

Agrippīna: "Līvia, habēsne urnam? ego urnam volō. ego volō parāre cēnam."

Līvia...
Agrippīna est tenera māter Rōmāna. Agrippīnae probābiliter placet parāre cēnam! Agrippīna nōn ēloquenter dēclāmitat. Agrippīna nōn potest dēclāmitāre!

Līvia: "ego nōn habeō urnam, Agrippīna."

Agrippīna: "fūr rapuit[2] urnam meam!"

Līvia...
fūr rapuit urnam Agrippīnae quoque?! fūr rapuit meam urnam diē Veneris! nōn sumus tūtae.

Līvia: "sunt fūrēs Rōmae. nōn sumus tūtae. sumus mātrēs Rōmānae."

Agrippīna tristis est.

---
[1] **cēnās parat** *prepares dinners*
[2] **fūr rapuit** *a thief stole*

B (Beta)

Agrippīna quoque est māter Rōmāna. est māter Pīsōnis et Rūfī. Agrippīna quoque māter bona est.

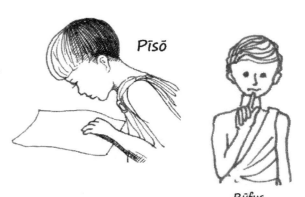

Agrippīna probābiliter sēcrētum nōn habet. ēloquens nōn est. tenera māter Rōmāna est. Agrippīna stolās gerit, et cēnās parat.[1] Agrippīnae probābiliter placet tenerum esse. probābiliter placet stolās induere. probābiliter valdē placet cēnās parāre!

Agrippīna: "Līvia, habēsne urnam? urnam quaerō ad cēnam parandam![2] cēnam parāre līberīs meīs, Pīsonī et Rūfō, volō."

Līvia rem putat...
miseram Agrippīnam! Agrippīna ēloquens nōn est. Agrippīnae probābiliter placet cēnam parāre! tenera māter Rōmāna est. nōn ēloquenter dēclāmitat. dēclāmitāre nōn potest!

Līvia: "urnam nōn habeō, Agrippīna. urna mea rapta est![3] habēbam urnam tuam, sed nōn iam! Cūr urnam quaeris? Ubi est urna tua, iam?"

Agrippīna: "iam, urna mea abest quoque! putō fūrem urnam meam rapuisse[4] quoque!"

---

[1] **cēnās parat** *prepares dinners*
[2] **ad cēnam parandam** *to prepare dinner*
[3] **rapta est** *was stolen*
[4] **putō fūrem rapuisse** *I think that the thief stole*

Līvia, rem putāns...
fūr urnam Agrippīnae rapuit quoque?! fūr meam urnam rapuit diē Veneris! miserās mātrēs! fūrēs urnās nostrās[5] rapiunt! tūtae nōn sumus.

    Līvia: "sunt fūrēs Rōmae. marītī nostrī absunt. marītīs absentibus nostrīs,[6] tūtae nōn sumus. Quid agāmus?![7] mātrēs Rōmānae sumus."

Agrippīna vidētur esse tristis.[8] subrīdet.

    Agrippīna: "marītīs absentibus...cēnam parāmus."

    Līvia: "urnam nōn habeō quia fūr urnam meam rapuit. habeō, autem, cācabum. vīsne habēre cācabum ad cēnam parandam?"

    Agrippīna: "cēnam parāre dēbeō. volō cācabum."

Agrippīna cācabum sūmit, et cum cācabō domō Līviae it.

    Agrippīna: "valē!"

    Līvia: "valē, Agrippīna!"

---

[5] **urnās nostrās** *our water-pots*
[6] **marītīs absentibus nostrīs** *with our husbands away*
[7] **Quid agāmus?!** *What should we do?!*
[8] **vidētur esse tristis** *seems to be sad*

Γ-Δ (Gamma-Delta)

Agrippīna quoque est māter Rōmāna bona, sed līberī nōn sunt Sextus Drūsillaque. Agrippīna est māter puerōrum, Pīsōnis et Rūfī. Agrippīna probābiliter sēcrētum nōn habet. ēloquens nōn est. tenera māter Rōmāna stolās gerit, et cēnās parat.[1] esse tenerum probābiliter Agrippīnae placet. stolās induendō et cēnās parandō probābiliter valdē fruitur!

Agrippīna: "Līvia, habēsne urnam? urnam quaerō ut cēna parētur![2] cēnam parāre līberīs meīs, Pīsonī et Rūfō, volō."

Līvia rem putat…
miseram Agrippīnam! ēloquens nōn est. probābiliter eī placet cēnam parāre! tenera māter Rōmāna nōn ēloquenter dēclāmitat quia nōn potest!

Līvia: "urnam nōn habeō, Agrippīna. rapta est![3] urnam tuam habēbam, sed eam nōn habeō hodiē. Cūr urnam quaeris? Ubi est urna tua, iam?"

Agrippīna: "iam, urna mea abest quoque! putō urnam meam raptam esse ā fūre[4] quoque!"

Līvia, rem putāns:
urna Agrippīnae ā fūre rapta est quoque?! fūr meam urnam rapuit diē Veneris! miserās mātrēs! urnīs nostrīs raptīs ā fūre,[5] tūtae nōn sumus.

---

[1] **cēnās parat** *prepares dinners*
[2] **ut cēna parētur** *so that dinner shall be prepared*
[3] **rapta est** *was stolen*
[4] **putō raptam esse ā fūre** *I think that it was stolen by a thief*
[5] **urnīs nostrīs raptīs ā fūre** *with our water-pots stolen by a thief*

Līvia: "sunt fūrēs Rōmae. marītī nostrī nōn Rōmae sunt, sed absunt. marītīs absentibus,[6] tūtae nōn sumus. Quid agāmus?!"[7]

Agrippīna tristis esse vidētur,[8] sed subrīdet.

Agrippīna: "marītīs pugnantibus absentibus…cēnam parāmus."

Līvia: "urnam nōn habeō quia diē Veneris fūr eam rapuit. habeō, autem, cācabum bonum ad cēnam parandam. velīsne habēre cācabum meum ut cēnam parēs?"

Agrippīna: "cēna paranda est mihi.[9] cācabum tuum habēre hodiē valdē velim."[10]

Agrippīna cācabum Līviae sūmit. cācabum ferēns, domō Līviae discēdit.

Agrippīna: "valē!"

Līvia: "fac ut valeās,[11] Agrippīna!"

---

[6] **marītīs absentibus** with husbands away
[7] **Quid agāmus?!** What shold we do?!
[8] **tristis esse vidētur** seems to be sad
[9] **paranda est mihi** for me, must be prepared (i.e. I must prepare)
[10] **velim** I would like
[11] **fac ut valeās** see to it that you fare well (i.e. take care)

Activities
Sentences for Dictations (standard, Running, or Egg)

Līvia est māter Sextī et Drūsillae.

Līvia quoque māter bona est.

Līvia, autem, sēcrētum nōn habet.

Līvia stolās gerit, et cēnās parat.

Līviae placet tenerum esse.

miseram Līviam! nōn est fortis.

nōn pugnat. pugnāre nōn potest!

fūr urnam Līviae rapuit?

Līvia in fūrem pugnāre nōn potest.

tūta nōn est.

Word Clouds

<u>10 High Frequency Latin Phrases</u>

- parāre volō
- placet induere
- māter Sextī et Drūsillae
- domō it
- tūtae nōn sumus
- pugnāre nōn potest
- putō fūrem rapuisse
- urnam sūmit
- Rūfum
- urnam habeō
- vidēre

10 other Latin phrases

Quid agāmus

urnam quaeris

absentibus stolās induit

ad cēnam parandam

in exercitū pugnat

marītīs

subrīdēre vult

gerere dēbet

urna abest

urnam rapuit

English Quadrant Race

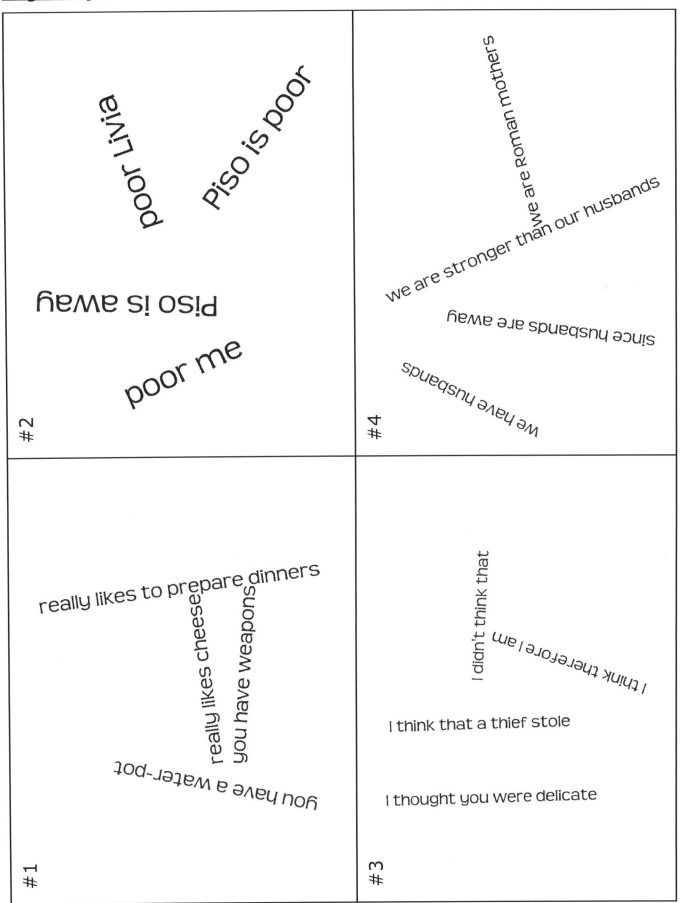

#1
- really likes to prepare dinners
- really likes cheese
- you have weapons
- you have a water-pot

#2
- poor Livia
- Piso is poor
- Piso is away
- poor me

#3
- I didn't think that
- I think therefore I am
- I think that a thief stole
- I thought you were delicate

#4
- we are Roman mothers
- we are stronger than our husbands
- since husbands are away
- we have husbands

IV
in culīnā

Grammar Topics

Nouns:
1st *Agrippīna, stola, culīna, cēna, toga, Drūsilla, Līvia, mēnsa*
2nd *puer, arma, pālus, domus, sēcrētum, cubiculum, Rūfus, Amphitheātrum Flāvium, Sextus, triclīnium*
3rd *Mārs, Pīsō, clāmor, māter, gladiātōrēs*
5th *diēs, rēs*

Nominative:	subject and predicate *sēcrētum tūtum est*
Genitive:	possession *diēs Mārtis, in cubiculō Pīsōnis, arma patris*
Dative:	indirect object *Pīsōnī placet, Rūfō nōn placet*
Accusative:	direct object *stolam pōnit, arma sūmit, arma induit, pālum pōnit, clāmōrem audit, cēnam parō, vīsne cēnam, arma et pālum pōnit, stolam sūmit et induit, cēnam parat, quaere togam!, togam induit, Rūfum audit, stolam gerit, Pīsōnem audit, mātrem audit, arma videt, pālum sūmit, rem putat, arma nōn gerunt*
	object of prepositions *in pālum, ad Pīsōnem, ad Rūfum, in culīnam*
	place to which *domum it*
Ablative:	object of prepositions *sub mēnsā, in culīnā, ē culīnā, in cubiculō, in Amphitheātrō Flāviō, cum Sextō Drūsillā et Līviā, in triclīniō*
	time when *diē Mārtis*
	ablative absolute *Agrippīnā gerente stolam*
Vocative:	direct address *Pīsō, māter, Rūfe*
Locative:	place where *domī*

Pronouns:
personal: *ego*
interrogative: *Ubi?, Quid?*

Adjectives:
1st/2nd *laetus, bonus, tūtus, tuus, nūdus, Flāvius, parvus, Rōmānae, tenera*
3rd *fortis, tristis*
noun/adjective agreement *māter bona, sēcrētum tūtum, cubiculō tuō, Amphitheātrō Flāviō, puer bonus, Rūfus laetus, puer parvus, laetum Rūfum, mātrēs Rōmānae tenerae*

Adverbs: *iterum, fortiter, subitō, nihil, iam, clam, valdē, nōn*

Conjunctions: *et, quia, autem, quoque, nam*

Enclitics: *-ne?*

Prepositions: *sub, in, ē/ex, ad, cum*

Verbs:
1st *pugnāre, parāre, putāre*
2nd *vidēre, dēbēre*
3rd *pōnere, sūmere, induere, agere, quaerere, gerere*
4th *audīre*

imperative:	present active *quaere!, es!*
indicative:	present active *pōnit, sūmit, induit, pugnat, audit, agis, agō, parō, parat, putō, quaerit, videt, dēbeō*
	present passive *videntur*
gerundives:	*ad gladiātōrēs videndōs*
infinitive:	present active *pugnāre, gerere, vidēre, esse*
participles:	*absentibus*
irregular:	*abesse* (present *absunt*)
	esse (present *esne, estne, sum, es, est, sunt*)
	īre (present *it*)
	posse (present *potest, possum*)
	velle (present *vult, vīsne, volō* imperfect *volēbat*)
indirect statement	*putō togam esse in cubiculō*
impersonal	*placet, placent*

Vocabulary

New Words & New Forms

absunt	gerente	Pīsōnem	toga
Agrippīnā	īvit	Pīsōnī	togās
cubiculō	laetum	possum	tuō
culīnam	mātrem	pugnant	videndōs
culīnā	**mēnsā**	quaere!	videntur
diē Mārtis	nūdum	quaerit	volēbat
Drūsillā	parō	Sextō	
estne	**parvus**	sunt	
Fūfe	**patris**	tenerae	

Phrases/Structures & Noun/adjective Phrases

<u>Sweet Sēdecim (Top 16)</u>

audīre
    clāmōrem audit
    Rūfum audit
    Pīsōnem audit
    mātrem audit

esse
    esne domī?
    estne clāmor?
    laeta sum
    iam es domī
    bona est
    tūtum est
    esse nūdum
    Ubi sunt?
    es bonus!
    in culīnā sunt
    parvus est
    fortis nōn est
    ego sum tristis
    tenera nōn sum
    sum fortis

īre
    domum it
    it ad
    īvit cum
    it in

placēre
    Pīsōnī placet
    Rūfō nōn placet
    valdē placent

pōnere
    stolam pōnit
    arma et pālum pōnit
    clam pōnit

posse
    gerere potest
    pugnāre potest
    possum arma gerere
    possum pugnāre

putāre
    putō togam esse
    rem putat

velle
    pugnāre vult
    vīsne cēnam?
    vidēre volēbat
    vidēre volō
    pugnāre volō

vidēre
    gladiātōrēs vidēre
    ad gladiātōrēs videndōs
    arma vidēre
    arma videt
    videntur esse

<u>Other</u>

abesse
    puerīs absentibus
    arma absunt

agere
    Quid agis?
    nihil agō

dēbēre
    nōn dēbeō

gerere
    togās gerere
    nihil gerere
    stolam iam gerit
    Agrippīnā gerente stolam
    arma gerere
    arma nōn gerunt

induere
    arma induit
    stolam sūmit et induit
    togam induit

parāre
    cēnam parō
    cēnam parat

pugnāre
    pugnāre vult
    pugnat in
    fortiter pugnat
    pugnāre potest
    possum pugnāre
    nōn pugnant fortiter
    fortiter pugnō
    pugnāre volō

quaerere
    quaere togam!
    arma quaerit

sūmere
    arma sūmit
    stolam sūmit et induit
    pālum sūmit

---

diē Mārtis
puerīs absentibus
sub mēnsā
in cubiculō Pīsōnis

arma patris
puer parvus
laetum Rūfum
mātrēs Rōmānae

Possible Discussion Questions

Latīnē
 I. Agrippīna arma induit et pugnat. Ubi Agrippīna pālum fert et pōnit—in culīnā, an in triclīniō?
 II. dum Agrippīna pugnat, Pīsō domum it. putāsne Agrippīnam esse ānxiam? esne persōna ānxia?
 III. Agrippīna dīcit sē nihil agere (i.e. "nihil agō, Rūfe!"), sed Agrippīna pugnat. estne Agrippīna honesta? esne persōna honesta?
 IV. Agrippīna putat togam Pīsōnis esse in cubiculō. estne toga in cubiculō, an in triclīniō sub lectō?
 V. Pīsō togam quaerit. Quid quaeris domī?
 VI. Rūfō placet vidēre gladiātōrēs. placentne tibi gladiātōrēs? vīdistīne gladiātōrēs in HBO, an Starz?
 VII. Ubi sunt arma patris—sub lectō, an sub mēnsā?
 VIII. Agrippīnā gerente stolam, sēcrētum tūtum est. sed, stolam gerēns, estne māter Rōmāna laeta?
 IX. Pīsō dīcit arma abesse (i.e. "arma absunt, Rūfe Fūfe!"), sed estne Pīsō honestus?
 X. Rūfus in pālum pugnat. Cūr, autem, Rūfus in pālum nōn pugnat *fortiter*?

English
1) Agrippina puts on armor and fights. Where does Agrippina carry the wooden stake, and fight—in the kitchen, or in the dining room?
2) While Agrippina fights, Piso goes home. Do you think that Agrippina is anxious? Are you an anxious person?
3) Agrippina says that she's not doing anything (i.e. "I'm not doing anything, Rufus"), but she fights. Is she honest? Are you an honest person?
4) Agrippina thinks that Piso's toga is in the bedroom. Is the toga in the bedroom, or in the dining room under the couch?
5) Piso is looking for his toga. What do you look for at home?
6) Rufus likes to see gladiators. Do you like gladiators? Have you seen gladiators on HBO, or Starz?
7) Where are father's weapons—under the couch, or under the table?
8) With Agrippina wearing a dress, the secret is safe. But, wearing a dress, is the Roman mother happy?
9) Piso says that the weapons are gone (i.e. "The weapons are gone, Rufus Fufus!"), but is he being honest?
10) Rufus fights the wooden stake. However, why does Rufus not fight fiercely against the wooden stake?

Choose-Your-Own-Level

A (Alpha)

diēs Mārtis

diē Mārtis, Līvia dēclāmitāre vult. Sextus et Drūsilla nōn sunt domī. Līvia est in culīnā. Līvia prō statuā ēloquenter dēclāmitat et dēclāmitat et dēclāmitat!

subitō, Drūsilla domum it!

> *Drūsilla:* "māter, esne in culīnā?"

> *Līvia:* "ego parō cēnam, Drūsilla. vīsne cēnam?"

Līvia stolam induit. Līvia iam parat cēnam. sēcrētum tūtum est.

> *Drūsilla:* "māter, volō stolam meam."

Drūsilla iam induit stolam. Drūsillae placet gerere stolās.

> *Drūsilla:* "estne frāter, domī?"

> *Līvia:* "Sextus est in Forō Rōmānō. Sextus volēbat vidēre sculptūrās. Sextus est cum Pīsōne."

subitō, Sextus domum it! Sextus vult vidēre statuam. Sextō valdē placent statuae!

Sextus: "estne statua in triclīniō, māter? ego volō vidēre statuam! statuam volō vidēre! statuam vidēēēēre volōōōō!"

Līvia: "Sexte, statua est in culīnā."

Sextus it in culīnam.

Līvia...
Sextus puer est. puerī possunt dēclāmitāre. ego tristis sum. ego possum et¹ gerere togam et dēclāmitāre. sed, mātrēs Rōmānae togās nōn gerunt. mātrēs Rōmānae videntur esse tenerae.² ego nōn sum tenera—ego sum ēloquens! ego dēclāmitāre possum! ego ēloquenter dēclāmitō! ego dēclāmitāre volō!

---
¹ **et...et...** *both...and...*
² **videntur esse tenerae** *seem to be delicate*

B (Beta)

diē Mārtis, Līvia dēclāmitāre vult. līberīs absentibus, Līvia stolam sub mēnsā pōnit, et statuam sūmit. Līvia prō statuā dēclāmitat. ēloquenter dēclāmitat et dēclāmitat et dēclāmitat! subitō, Drūsilla domum it! Drūsilla clāmōrem ē culīnā audit.

Drūsilla: "māter, esne domī? Ubi est clāmor? estne clāmor in culīnā? māter, esne in culīnā? Quid agis?"

Līvia: "nihil agō, Drūsilla! laeta sum quia iam es domī. cēnam parō. vīsne cēnam?"

Līvia māter bona est. Līvia statuam clam pōnit sub mēnsā, stolam sūmit et induit, et cēnam parat. sēcrētum tūtum est. ad Drūsillam it.

Drūsilla: "Ubi est stola mea, māter?"

Līvia: "hmm. putō stolam esse[1] in cubiculō. quaere stolam in cubiculō tuō!"

stola in cubiculō Drūsillae est. Drūsilla stolam iam induit. Drūsillae stolās gerere placet.

Drūsilla: "Ubi est frāter, Sextus?"

Līvia: "Sextus sculptūrās in Forō Rōmānō vidēre volēbat. Sextus cum Pīsōne, īvit ad sculptūrās videndās."[2]

---

[1] **putō stolam esse** *I think that the dress is*
[2] **īvit ad sculptūrās videndās** *went to see sculptures*

subitō, Sextus domum it! in triclīniō statuam quaerit. Sextō statuae valdē placent!

Sextus: "Ubi est statua nostra, māter? statuam nostram vidēre volō! statuam vidēre volō! statuam vidēēēēre volōōōō!"

Līvia Sextum audit. Līvia stolam—nōn togam—iam gerit. Līviā gerente stolam,³ sēcrētum tūtum est. Līvia ad Sextum it.

Drūsilla: "statua abest, Sexte fūfe!"⁴

Līvia Drūsillam audit.

Līvia: "Drūsilla! es bona!⁵ Sexte, statua in culīnā est."

Sextus laetus nōn est, sed mātrem audit, et in culīnam it. Sextus statuam sub mēnsā videt. statuam sūmit. Sextus vult sculpere, sed quoque vult mātrem esse laetam. Sextus prō statuā dēclāmitat.

Līvia rem putat...
laetum Sextum! Sextus dēclāmitāre potest quia puer est. est laetus. ego, autem, sum tristis. ego et togam gerere et dēclāmitāre possum, sed clam dēclāmitō. nam, mātrēs Rōmānae togās nōn gerunt. mātrēs Rōmānae videntur esse tenerae.⁶ mātrēs Rōmānae tenerae nōn dēclāmitant ēloquenter. ego, autem, tenera nōn sum—sum ēloquens! dēclāmitāre possum! ēloquenter dēclāmitō! dēclāmitāre volō!

---
³ **Līviā gerente stolam** *with Livia wearing a dress*
⁴ **fūfe** *Drusilla's name for Sextus, from* **fūfus** *(= gross!)*
⁵ **es bona!** *Be good!*
⁶ **videntur esse tenerae** *seem to be delicate*

Γ-Δ (Gamma-Delta)

diē Mārtis, Līvia dēclāmitāre vult. līberīs absentibus, Līvia, stolam in culīnam ferēns, eam sub mēnsā pōnit. statua, quae sub mēnsā est, ā Līviā iam sūmitur, et Līvia prō statuā ēloquenter dēclāmitat et dēclāmitat et dēclāmitat! subitō, Drūsilla domum venit! Drūsilla strepitum ē culīnā audit.

Drūsilla: "Ubi est strepitus? māter, esne in culīnā? Quid agis?"

Līvia: "nihil agō, mea fīlia! laeta sum quia iam es domī. cēna iam parātur. velīsne cēnam habēre?"

Līvia māter bona est. statuam clam pōnit sub mēnsā, stolam sūmit et induit, et cēnam parat. sēcrētum tūtum est. ā culīnā discēdit, et ad Drūsillam it.

Drūsilla: "Ubi est stola mea, māter?"

Līvia: "hmm. putō stolam vīsam esse[1] in cubiculō. quaere stolam in cubiculō tuō!"

stola in cubiculō Drūsillae est. Drūsilla stolam iam induit. stolīs Drūsilla fruitur!

Drūsilla: "Ubi est frāter, Sextus?"

Līvia: "Sextus cum Pīsōne īvit ad Forum rōmānum ut sculptūrās vidēret."[2]

---

[1] **putō stolam vīsam esse** *I think that the dress was seen*
[2] **ut sculptūrās vidēret** *in order to see sculptures*

subitō, Sextus domum venit! in triclīniō statuam quaerit. Sextō statuae valdē placent!

Sextus: "Ubi est statua nostra, māter? statuam nostram vidēre volō! statuam vidēēēēre volōōōō!"

Līvia fīlium audit. stolam—nōn togam—iam gerit. Līviā stolam gerente,³ sēcrētum tūtum est. Līvia ad Sextum it.

Drūsilla: "statuam quaeris frūstrā, Sexte fūfe!⁴ statua abest."

Līvia fīliam audit.

Līvia: "Drūsilla! es bona!⁵ Sexte, statuam in culīnā vīdī."

Sextus laetus nōn est, sed mātrem audit. ā triclīniō discēdit, et in culīnam it. statuam sub mēnsā vidēre potest. statuam sūmit, et in triclīnium fert. puer vult sculpere, sed quoque vult mātrem esse laetam. Sextus prō statuā dēclāmitat ut māter laeta sit.

Līvia rem putat...
laetum fīlium! Sextus dēclāmitāre potest quia puer est. est laetus. ego, autem, sum tristis. ego et togam gerere et dēclāmitāre possum, sed dēclāmitō frūstrā. nam, togae ā mātribus Rōmānīs nōn geruntur. mātrēs Rōmānae videntur esse tenerae.⁶ mātrēs Rōmānae tenerae nōn dēclāmitant ēloquenter. ego, autem, tenera nōn sum—sum ēloquens! dēclāmitāre ēloquenter possum!

---
³ **Līviā stolam gerente** *with Livia wearing a dress*
⁴ **fūfe** *Drusilla's name for Sextus, from* fūfus *(= gross!)*
⁵ **es bona!** *Be good!*
⁶ **videntur esse tenerae** *seem to be delicate*

Activities
Sentences for Dictations (standard, Running, or Egg)

diē Mārtis, Agrippīna pugnāre vult.

puerīs absentibus, Agrippīna stolam sub mēnsā pōnit, arma sūmit, et arma induit iterum.

subitō, Pīsō domum it!

Pīsō clāmōrem ē culīnā audit.

Agrippīna arma et pālum clam pōnit sub mēnsā, stolam sūmit et induit, et cēnam parat.

ad Pīsōnem it.

toga in cubiculō Pīsōnis est.

Pīsō togam iam induit.

Pīsōnī togās gerere placet.

Rūfō, autem, togās gerere nōn placet.

Word Clouds

<u>10 High Frequency Latin Phrases</u>

- gladiātōrēs videndōs
- in culīnā sunt
- pallum sūmit
- clam pōnit
- ad
- vidēre volēbat
- possum
- arma gerere
- clāmōrem esse audit
- domum it
- ego sum tristis
- putō togam esse

10 other Latin phrases

- quaere togam
- Agrippinā gerente stolam
- nihil agō
- nōn dēbeō; togam induit
- arma gerere
- nōn pugnant fortiter
- arma gerunt
- togam nōn dēbeō
- possum pugnāre
- cēnam parō
- arma absunt

English Quadrant Race

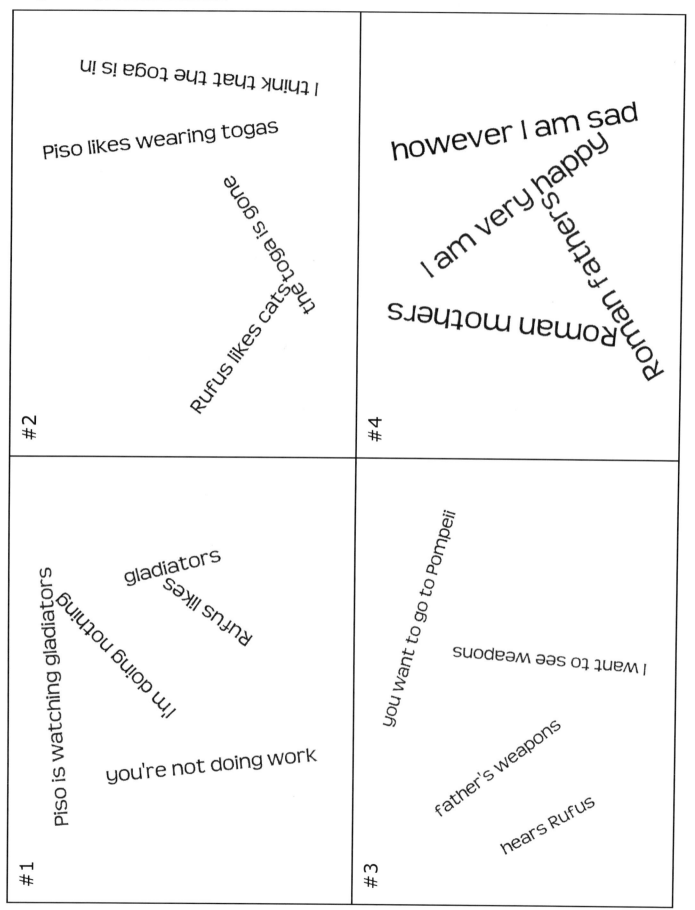

V
pālus

Grammar Topics

Nouns:
1st *Līvia, Agrippīna, urna, cēna, mēnsa, culīna, poēta*
2nd *Mercurius, domus, Rūfus, pālus, marītus, Tiberius, Iūlius, sēcrētum, arma, triclīnium, cubiculum, discipulus*
3rd *mīles, mātrēs, pater, Pīsō, frāter*
4th *versus*
5th *diēs, rēs*

Nominative:	subject and predicate *audīvitne Līvia?*
Genitive:	possession *diē Mercuriī, domum Agrippīnae, urnam Agrippīnae, pālus marītī Tiberiī, arma patris, mīlitis arma, discipulus versuum, frāter Pīsōnis, sēcrētum Agrippīnae*
Dative:	indirect object *mīlitibus placent*
Accusative:	direct object *urnam habet, Rūfum nōn videt, cēnam parāvī, urnam habeō, habē urnam!, pōne urnam!, pālum videt, pālum sūmit, habetne pālum?, pālum nōn habet, Agrippīnam audit, rem putāns, habeō marītum, pālum habēs, arma quaerit, Pīsōnem audiunt, arma videō, Agrippīnam nōn audīvit*
	object of prepositions *ad mēnsam, in pālum, in pālōs, in culīnam, ad triclīnium, ad Pīsōnem, ad cubiculum, in triclīnium, ad Līviam*
	place to which *domum it*
Ablative:	object of prepositions *sub mēnsā, in Britanniā, in culīnā, in triclīniō, ē culīnā*
	time when *diē Mercuriī*
	instrument *urnā tuā*
Vocative:	direct address *Agrippīna, Līvia*

Pronouns:
personal: *ego*
interrogative: *Quid?, Cūr?*

Adjectives:
1st/2nd *tuus, bonus, tūtus, miser, Rōmānus*
3rd *fortis, tristis*
noun/adjective agreement *urnā tuā, urnam tuam, urna bona, marītī Tiberiī, marītus tuus, mīles bonus, mātrēs bonae, sēcrētum tūtum, miseram Agrippīnam, mīlitēs bonī, bonum marītum Rōmānum, mēnsā tuā, culīnā tuā, versus tuus bonus, mīles Rōmānus bonus, Pīsō tristis*

Adverbs: *iterum, nihil, nōn, bene, subitō, iam*
Conjunctions: *sed, quia, et, quoque, autem*
Enclitics: *-ne?*
Prepositions: *ad, sub, in, ē/ex*

Verbs:
1st *parāre, pugnāre, putāre*
2nd *habēre, vidēre, subrīdēre, dēbēre, valēre*
3rd *gerere, pōnere, sūmere, quaerere, agere*
4th *audīre*

imperative:	present active *habē!, pōne!, valē!*
indicative:	present active *habet, gerit, videt, habeō, subrīdet, pōnit, sūmit, habetne?, pugnat, audit, habēs, quaerit, audiunt, videō, dēbet*
	present passive *vidētur*
	imperfect active *agēbat*
	perfect active *parāvī, audīvitne*
subjunctive:	hortatory, jussive *eāmus!*
gerundive:	*ad cēnam parandam*
infinitive:	present active *esse*
participlēs:	*putāns*
irregular:	*esse* (present *est, estne?*, imperfect *erat*)
	īre (present *it, eāmus, eunt*)
	velle (present *volunt, vīsne?, vult, vīs, volō*)
appositive	*volō Rūfum esse mīlitem*
impersonal	*placet, placent*

Vocabulary

New Words & *New Forms*

agēbat	eunt	parāvī	**versus**
Agrippīnam	fortēs	pālōs	**versuum**
audiunt	habetne	pālus	videō
audīvit	habē	**poēta**	vidētur
audīvitne	habēs	pōne!	vīs
bonae	marītī	Rōmānum	volunt
bonī	marītum	Tiberiī	
bonum	mēnsam	triclīnium	
diē Mercuriī	mīles	tuam	
discipulus	mīlitibus	tuā	
eāmus!	mīlitis	valē!	

Phrases/Structures & Noun/adjective Phrases

Sweet Sēdecim (Top 16)

audit
    Agrippīnam audit
    audīvitne Līvia?
    ē culīnā audiunt
    nōn bene audīvit

esse
    bona erat
    Quid est?
    mīles est
    esse fortēs
    tūtum nōn est
    laeta est
    vīsne esse?

habēre
    urnam habet
    urnam habeō
    habē urnam!
    habetne pālum?
    pālum nōn habet
    ego marītum habeō
    pālum habēs
    sēcrētum habet

īre
    domum it
    it ad
    in culīnam it
    eāmus ad!
    ad triclīnium eunt

placēre
    mīlitibus placent

pōnere
    pōne urnam!
    urnam pōnit

putāre
    rem putāns

velle
    volunt esse
    vīsne esse?
    vult esse
    Quid vīs?
    volō Rūfum esse

vidēre
    Rūfum nōn vidēre
    pālum videt
    arma videō
    vidētur esse

Other

abesse
    abest in Britanniā

agere
    Quid agēbat?

dēbēre
    dēbet esse

gerere
    nihil gerit

parāre
    cēnam parāvī
    ad cēnam parandam

pugnāre
    pugnat in
    pugnant in

subrīdēre
    subrīdet

sūmere
    pālum sūmit

valēre
    valē!

---

urnam Agrippīnae
sub mēnsā
pālus marītī
miseram Agrippīnam
mīlitēs bonī
in culīnā tuā

arma patris
mīlitis arma
versus tuus bonus
mīles Rōmānus bonus
discipulus versuum
frāter Pīsōnis

Possible Discussion Questions

Latīnē
I. Līvia cēnam parāvit. Quōmodo—urnā, an cācabō Agrippīnae?
II. Līvia urnam in culīnam fert. pōnitne Līvia urnam sub mēnsā?
III. Quid Līvia sub mēnsā videt—pālum, an pāvōnem?
IV. habetne Iūlius, marītus Līviae, pālum? habēsne pālum? Quis habeat pālum—magister, an mīles?
V. Agrippīna dīcit mātrēs pugnāre (i.e. "mātrēs in pālōs pugnant"). Cūr Agrippīna pugnat? vultne Agrippīna esse fortis? estne māter tua fortis?
VI. scitne Līvia Agrippīnam pugnāre?
VII. Quid Pīsō quaerit sub mēnsā—arma patris, an urnam mātris?
VIII. versus Pīsōnis placet Agrippīnae. placentne tibi versūs?
IX. Pīsō poēta esse vult. vīsne esse poēta? vīsne esse mīles?
X. Agrippīna dīcit sē velle Rūfum esse mīlitem (i.e. "ego volō Rūfum esse mīlitem"). estne Agrippīna honesta?

English
1) Livia prepared dinner. How—with Agrippina's water-pot, or cooking-pot?
2) Livia carries the water-pot into the kitchen. Does she put it under the table?
3) What does Livia see under the table—the wooden stake, or a peacock?
4) Does Julius, Livia's husband, have a wooden stake for practicing fighting? Do you? Who would have one—a teacher, or soldier?
5) Agrippina says that mothers fight (i.e. "mothers fight wooden stakes"). Why does Agrippina fight? Does she want to be strong? Is your mother strong?
6) Does Livia know that Agrippina fights?
7) What does Piso look for under the table—father's weapons, or mother's water-pot?
8) Agrippina likes Piso's poetry. Do you like poetry?
9) Piso wants to be a poet. Do you want to be a poet? Do you want to be a soldier?
10) Agrippina says that she wants Rufus to be a soldier (i.e. "I want Rufus to be a soldier"). Is she being honest?

Choose-Your-Own-Level

A (Alpha)

diē Mercuriī, Agrippīna it domum Līviae. Agrippīna habet cācabum Līviae.

Agrippīna: "Līvia, parāvī cēnam cācabō.[1] cācabus erat bonus ad cēnam parandam![2]"

Līvia et Agrippīna sunt in culīnā. subitō, Agrippīna videt statuam...et togam!

Agrippīna: "Quid est, Līvia?!"

Līvia vult sēcrētum esse tūtum.

Līvia: "uhh...sunt toga...toga et statua...uhh sunt frātris meī, Gāiī. habēsne statuās?"

Agrippīna: "habēmus statuās. sed, habēs statuam...et togam...Gāiī?"

Līvia: "uhh...Gāius dēclāmitat prō statuā. Gāius vult esse senātor bonus. mātrēs bonae quoque dēclāmitant prō statuīs. mātrēs volunt esse ēloquentēs."

---

[1] **parāvī cēnam cācabō** *I prepared dinner with the cooking-pot*
[2] **ad cēnam parandam** *for preparing dinner*

sēcrētum nōn est tūtum!

Agrippīna: "mātrēs—Quid?!"

Līvia:
estne sēcrētum meum tūtum?

Līvia: "uhh...SENĀTŌRĒS...senātōrēs...volunt esse ēloquentēs. senātōrēs bonī dēclāmitant prō statuīs."

subitō, Sextus it in culīnam! Sextus vult sculpere in culīnā.

Līvia: "uhh...Agrippīna, eāmus³ ad triclīnium!"

Agrippīna et Līvia eunt ad triclīnium.

Agrippīna: "Quid Sextus vult?"

Līvia: "Sextus vult esse sculptor."

Agrippīna: "sculptor? bonī Rōmānī sunt senātōrēs. sculptōrēs nōn sunt senātōrēs!"

Agrippīna tristis est.

Līvia: "frāter meus, Gāius, iam vult esse senātor. ego quoque vol..."

---

³ **eāmus!** *Let's go!*

Līvia sēcrētum habet!

Agrippīna: "Quid?! Quid vīs, Līvia?"

Līvia: "uhh…ego quoque volō Sextum esse senātōrem."

Agrippīna: "bene. valē, Līvia!"

Līvia: "valē!"

sēcrētum Līviae est tūtum!

B (Beta)

diē Mercuriī, Agrippīna domum Līviae it. Agrippīna cācabum Līviae habet.

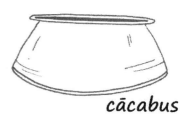
cācabus

Agrippīna: "Līvia, cēnam parāvī cācabō tuō.¹ cācabum tuum habeō. cācabus bonus erat ad cēnam parandam! habē cācabum tuum!"

Līvia subrīdet.

Līvia: "bene, Agrippīna, pōne cācabum sub mēnsā!"

Agrippīna ad mēnsam it. Agrippīna cācabum sub mēnsā pōnit. subitō, statuam…et togam videt! Agrippīna togam sūmit.

Agrippīna: "Quid est, Līvia?!"

Līvia māter honesta est, sed vult sēcrētum esse tūtum.

Līvia: "uhh…sunt toga…toga et statua…uhh sunt frātris meī, Gāiī. habēsne…uhh…statuās?"

Agrippīna: "statuās habēmus, clārē,² sed cūr habēs statuam…et togam…Gāiī?"

Līvia: "uhh…Gāius prō statuā dēclāmitat quia senātor bonus vult esse. mātrēs bonae prō statuīs dēclāmitant quia volunt esse ēloquentēs."

---

¹ **parāvī cēnam cācabō tuō** *I prepared dinner with your cooking-pot*
² **clārē** *clearly*

Līvia honestissima est! Agrippīna Līviam audit. sēcrētum tūtum nōn est!

    Agrippīna: "mātrēs—Quid?!"

Līvia, rem putāns:
miseram Līviam! honesta sum! audīvitne Agrippīna? estne sēcrētum meum tūtum?

    Līvia: "uhh...SENĀTŌRĒS...senātōrēs bonī...prō statuīs dēclāmitant, clārē, quia volunt esse ēloquentēs."

Agrippīna iam subrīdet.

Līvia, rem putāns:
Cūr Agrippīna subrīdet? probābiliter Agrippīna sēcrētum meum nōn audīvit...

subitō, Sextus in culīnam it, et sub mēnsā statuam quaerit!

    Līvia: "uhh...Agrippīna, ad triclīnium eāmus!³"

Agrippīna et Līvia ad triclīnium eunt. subitō, in triclīniō, Sextum dēclāmitāre ē culīnā audiunt! Līvia subrīdet. laeta est. Līvia in culīnam, et ad Sextum it.

Līvia: "Sexte, ēloquenter dēclāmitās! bonus senātor eris quia ēloquenter dēclāmitās. dēclāmitās ēloquenter, sed togam nōn geris. senātōribus placent togae! vīsne quoque togam gerere?"

---

³ **eāmus!** *Let's go!*

Sextus vidētur esse tristis. Sextus dēclāmitat quia vult mātrem esse laetam. Sextus, autem, nōn vult esse senātor. vult esse sculptor. ad cubiculum it. Līvia, autem, in triclīnium, et ad Agrippīnam it.

Agrippīna: "Quid vult Sextus?"

Līvia: "Sextus sculptor esse vult."

Agrippīna: "sculptor? bonus Rōmānus, autem, patriam dēfendere dēbet! bonus Rōmānus quoque senātor esse dēbet. sculptōrēs Rōmam nōn dēfendunt. sculptōrēs nōn sunt senātōrēs!"

Agrippīna vidētur esse tristis.

Līvia: "frāter meus, Gāius, Rōmam dēfendēbat, sed iam senātor esse vult. ego quoque vol..."

sed Līvia sēcrētum habet! Līvia honestissima est! audīvitne Agrippīna?

Agrippīna: "Quid?! Quid vīs, Līvia?"

Līvia: "uhh...nihil, Agrippīna, nihil. ego quoque volō Sextum esse senātōrem."

Agrippīna: "bene. valē, Līvia!"

Līvia: "valē!"

Agrippīna Līviam nōn bene audīvit. sēcrētum Līviae tūtum est!

Γ-Δ (Gamma-Delta)

diē Mercuriī, Agrippīna domum Līviae venit, cācabum Līviae ferēns.

   Agrippīna: "Līvia, cēnam parāvī cācabō tuō.[1] cācabum tuum habeō. erat bonus ad cēnam parandam! velīsne cācabum tuum?"

Līvia subrīdet.

Līvia: "bene, Agrippīna, pōne cācabum meum sub mēnsā!"

Agrippīna cācabum ad mēnsam fert. cācabus sub mēnsā ab Agrippīnā pōnitur. subitō, Agrippīna statuam...et togam, quae sub mēnsā sunt, iam videt! Agrippīna togam sūmit.

   Agrippīna: "Quid est, Līvia?!"

Līvia māter honesta est, sed sēcrētum tūtum esse vult.

   Līvia: "uhh...sunt toga...toga et statua...uhh sunt frātris meī, Gāiī. habēsne...statuās...in domō tuō?"

   Agrippīna: "statuās habēmus, sānē,[2] sed cūr statuam...et togam...Gāiī habēs?"

   Līvia: "uhh...Gāius prō statuā dēclāmitat quia senātor bonus esse velit. mātrēs bonae prō statuīs dēclāmitant quia ēloquentēs esse velint."

---

[1] **parāvī cēnam cācabō tuō** *I prepared dinner with your cooking-pot*
[2] **sānē** *clearly*

Līvia honestissima est! Agrippīna Līviam audit. sēcrētum tūtum nōn est!

Agrippīna: "mātrēs—Quid?!"

Līvia, rem putāns:
miseram Līviam! honesta sum! audīvitne Agrippīna? estne sēcrētum meum tūtum?

Līvia: "uhh...SENĀTŌRĒS...senātōrēs bonī, togās gerentēs, ...prō statuīs dēclāmitant, sānē, quia ēloquentēs esse velint."

Agrippīna iam subrīdet.

Līvia, rem putāns:
Cūr Agrippīna subrīdet? probābiliter Agrippīna sēcrētum meum nōn audīvit...

subitō, Sextus in culīnam venit, et sub mēnsā statuam quaerit!

Līvia: "uhh...Agrippīna, ad triclīnium eāmus!³"

mātrēs ad triclīnium eunt. subitō, Sextus dēclāmitāns ē culīnā audīrī potest! Līvia, quae iam laeta est, subrīdet. ā triclīniō discēdit, et in culīnam, et ad Sextum it.

Līvia: "Sexte, ēloquenter dēclāmitās! bonus senātor, quī ēloquenter dēclāmitat, esse potes. togam, autem, nōn geris. senātōrēs togīs fruuntur! velīsne quoque togam gerere?"

---
³ **eāmus!** *Let's go!*

Sextus vidētur esse tristis. dēclāmitat ut māter laeta sit, sed senātor esse nōn velit. sculptor velit esse. ā culīnā discēdit, et ad cubiculum it, tristē. Līvia, autem, in triclīnium, et ad Agrippīnam it.

Agrippīna: "Quid vult Sextus?"

Līvia: "Sextus sculptor esse velit."

Agrippīna: "sculptor? bonus Rōmānus, autem, quī patriam dēfendit, mīles esse dēbet! bonus Rōmānus quoque senātor esse dēbet. sculptōrēs neque Rōmam dēfendunt neque senātōrēs sunt!"

Agrippīna vidētur esse tristis.

Līvia: "frāter, quī Rōmam dēfendēbat, iam senātor esse velit. ego quoque vel..."

sed Līvia sēcrētum habet! honestissima est! audīvitne Agrippīna?

Agrippīna: "Quid?! Quid velīs, Līvia?"

Līvia: "uhh...nihil, Agrippīna, nihil. ego quoque velim Sextum esse senātōrem bonum."

Agrippīna: "bene. fac ut valeās, Līvia!"

Līvia: "valē!"

sēcrētum Līviae ab Agrippīnā nōn bene audītum est. sēcrētum est tūtum!

Activities
Sentences for Dictations (standard, Running, or Egg)

diē Mercuriī, Līvia domum Agrippīnae it.

Līvia urnam Agrippīnae habet.

Līvia ad mēnsam it.

Līvia urnam sub mēnsā pōnit.

subitō, pālum videt! Līvia pālum sūmit.

Tiberius in pālum pugnat quia mīles bonus est.

mātrēs bonae in pālōs pugnant quia volunt esse fortēs.

Līvia Agrippīnam audit. sēcrētum tūtum nōn est!

Līvia iam nōn subrīdet.

Iūlius pālum nōn habet, sed bonus mīles est.

Word Clouds

10 High Frequency Latin Phrases

- vidētur esse
- mīlitibus placent
- esse fortēs
- volunt esse
- pālus marītī
- e culīnā audiunt
- Rūfum nōn vidēre
- habē urnam
- pālum sūmit ad trīclīnium eunt

10 other Latin phrases

- dēbet esse
- pugnant in
- abest in Britaniā
- Quid agēbat
- ad cēnam parandam
- mīlitis arma
- miseram Agrippīnam
- mīlitēs bonī
- discipulus versuum
- versus tuus bonus

English Quadrant Race

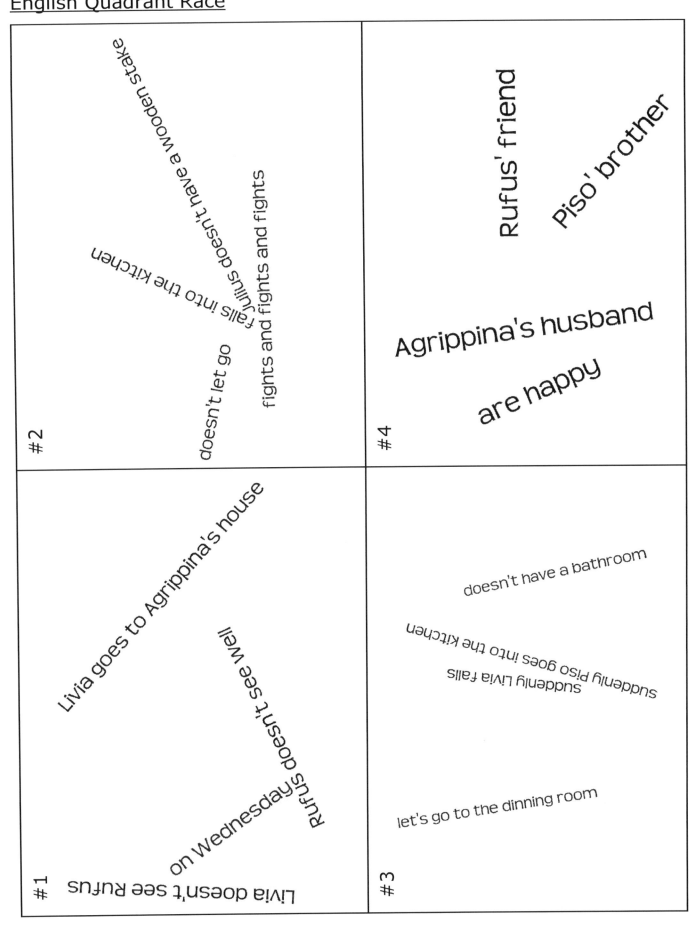

VI
Pīsō?!, Rūfe?!

Grammar Topics

Nouns:
1st *Agrippīna, stola, culīna, urna, mēnsā, cēna*
2nd *Sāturnus, puer, lectus, arma, pālus, triclīnium, domus, Rūfus, Forum, sēcrētum*
3rd *clāmor, nox, fūr, Pīsō*
5th *diēs*

Nominative:	subject and predicate *nox est, fūr pugnat*
Genitive:	possession *diē Sāturnī, urnam Agrippīnae, stolam Agrippīnae, sēcrētum Agrippīnae*
Dative:	indirect object *puerīs*
Accusative:	direct object *stolam pōnit, arma sūmit et induit, pālum pōnit, clāmōrem audit, arma gerēns, urnam habet, videt Agrippīnam, pōne urnam!, audiunt clāmōrem, audīsne clāmōrem?, Pīsōnem audit, cēnam parō, urnam quaerō, stolam et urnam rapit, vīsne cēnam?*
	object of prepositions *ad culīnam, in Agrippīnam, in fūrem, ad Forum Rōmānum*
	place to where *domum eunt*
Ablative:	object of prepositions *sub lectō, in triclīniō, in culīnā, ē culīnā, in mēnsā, sub mēnsā*
	time when *diē Sāturnī, nocte, diē*
	place from where *domō it*
Vocative:	direct address *Pīsō, Rūfe, puerī, māter*
Locative:	place where *domī*

Pronouns:
personal: *ego*
interrogative: *Quid?, Cūr?, Ubi?*

Adjectives:
1st/2nd *miser, Rōmānus, tenera, bonus, laetus, tūtus*
3rd *fortis*

noun/adjective agreement *miserum fūrem!, māter Rōmāna, mātrēs Rōmānās tenerās, Forum Rōmānum, bona māter, miseram mātrem Agrippīnam!, sēcrētum tūtum*
comparative *fortior*

Adverbs: *fortiter, iterum, subitō, nōn, clam, bene, nocte, iam, nihil, dum, valdē*
Conjunctions: *et, autem, sed, quia*
Enclitics: *-ne?*
Prepositions: *in, ē/ex, ad*

Verbs:
1st *pugnāre, putāre, parāre*
2nd *vidēre, habēre, dēbēre, valēre*
3rd *pōnere, sūmere, induere, agere, gerere, quaerere, rapere*
4th *audīre*

imperative:	present active *pōne!, valē!*
indicative:	present active *pōnit, sūmit, induit, pugnat, audit, agitis, putat, videt, habet, agis, dēbēs, audiunt, audīsne?, audiō, parō, quaerō, rapit*
	imperfect active *putābam, pugnābat*
infinitive:	present active *pugnāre, audīre, esse, habēre, īre, abesse, parāre, induere*
participles:	*puerīs absentibus, arma gerēns*
irregular:	*abesse* (present *absunt*)
	esse (present *estisne?, sunt, est, es, esne?, sum*)
	īre (present *it, ī!, eunt,* future *ībō*)
	velle (present *vult, volō, vīsne?*)
indirect statement	*putat clāmōrem esse ē culīnā*
	videt Agrippīnam habēre arma
	putābam mātrēs esse tenerās
	videt fūrem abesse
impersonal	*placet*

Vocabulary

New Words & *New Forms*

abesse	*erit*	*ī*	*putābam*
agitis	*estisne*	*ībō*	*rapit*
audiō	*fortior*	*īre*	*Rōmānās*
audīsne	**Forum**	**nocte**	*stola*
diē Sāturnī	*gerēns*	**nox**	*tenerās*
dum	*habēre*	*pugnābat*	

Phrases/Structures & Noun/adjective Phrases

Sweet Sēdecim (Top 16)
audīre
    clāmōrem audit
    audiunt clāmōrem
    audīsne clāmōrem?
    audiō
    Pīsōnem audit
esse
    estisne in?
    domī nōn sunt
    esse ē culīnā
    nox est
    Rōmāna es
    fortis es
    est fortior
    Ubi est?
    esne domī?
    clāmor est

    sum domī
    laeta est
    tūtum nōn erit
habēre
    urnam habet
    habēre arma
īre
    it ad
    clam it
    domō īre
    domum eunt
    īre volō
    ībō diē
pōnere
    pōnit sub
    pōnit in
    pōne urnam!

putāre
    putat clāmōrem esse
    putābam mātrēs esse
velle
    pugnāre vult
    domō īre vult
    īre volō
    vīsne cēnam?
    cēnam volō
vidēre
    nōn bene videt
    nihil videt

Other
abesse
    puerīs absentibus
    puerī absunt
agere
    Quid agis?
    Quid agitis?
dēbēs
    dēbēs esse
    parāre dēbet
    induere dēbet
gerere
    arma gerēns

induere
    arma induit
    induere dēbet
parāre
    cēnam parō
    parāre dēbet
pugnāre
    pugnāre vult
    fortiter pugnat
    pugnat in
    iterum pugnat
    in fūrem pugnābat

quaerere
    urnam quaerō
rapere
    stolam et urnam rapit
sūmere
    arma sūmit
valēre
    valē!

    diē Sāturnī
    puerīs absentibus
    sub lectō
    in triclīniō
    in culīnā

    miserum fūrem
    in mēnsā
    mater Rōmāna
    sub mēnsā
    miseram mātrem Agrippīnam

Possible Discussion Questions

Latīnē
I. Agrippīna clāmōrem audīre potest. Quem Agrippīna putat esse domī?
II. estne clāmor ē culīnā, an ē triclīniō?
III. est nox. Agrippīna nōn bene videt nocte. vidēsne bene nocte?
IV. Agrippīna nescit fūrem in domō esse. Quid agit fūr—in Agrippīnam pugnat, an in pālum pugnat.
V. scīvitne fūr Agrippīnam esse fortem?
VI. Agrippīna et fūr pugnant. Quis domum it—Pīsō, an Līvia?
VII. dum Agrippīn nōn pugnat, fūr stolam rapit! scitne Agrippina?
VIII. Pīsō ad Forum īre vult. Cūr, autem, Pīsō nōn ad Forum it?
IX. Agrippīna cēnam parāre dēbet. parāsne cēnam, domī?
X. Cūr sēcrētum nōn est tūtum?

English
1) Agrippina is able to hear a clamor. Whom does Agrippina think is home?
2) Is the clamor out of the kitchen, or dining room?
3) It's night. Agrippina doesn't see well at night. Do you see well at night?
4) Agrippina doesn't know that the thief is in the house. What does the thief do—fights Agrippina, or the wooden stake?
5) Did the thief know that Agrippina was strong?
6) Agrippina and the thief are fighting. Who goes home—Piso, or Livia?
7) While Agrippina isn't fighting, the thief steals her dress! Does Agrippina know?
8) Piso wants to go to the Forum. However, why doesn't he go?
9) Agrippina ought to prepare dinner. Do you prepare dinner at home?
10) Why is the secret not safe?

Choose-Your-Own-Level

A (Alpha)

diēs Sāturnī

diē Sāturnī, Līvia dēclāmitāre vult. Sextus et Drūsilla nōn sunt domī. Līvia togam induit. Līvia ēloquenter dēclāmitat!

nox est. Līvia nōn bene videt nocte. subitō, Līvia fūrem videt! fūr habet cācabum Līviae! fūr habet statuam quoque!

Līvia: "do...do...domō ī!"

fūr: "es māter Rōmāna. es tenera."

Līvia vult pugnāre in fūrem, sed nōn potest!

subitō, Drūsilla et Sextus eunt domum!

Sextus: "māter, māter, esne domī?"

Līvia vult Sextum et Drūsillam esse[1] tūtōs.

Līvia: "uhh...sum domī, Sexte! ego parō cēnam in culīnā. ego cācabum volō. sed, cācabus nōn est in culīnā. ego nōn videō cācabum."

---

[1] **vult Sextum et Drūsillam esse** *wants Sextus and Drusilla to be*

Līvia loquitur cum Sextō. subitō, fūr rapit cācabum, statuam et stolam Līviae! iam, fūr clam it domō. Līvia nōn videt fūrem.

Līvia: "Sexte, est nox. vīsne cēnam?"

Sextus: "bene, māter. ego valdē volō cēnam!"

Līvia vult induere stolam.

cācabus et statua nōn sunt in culīnā! stola rapta est quoque! sēcrētum Līviae nōn erit tūtum!

B (Beta)

diē Sāturnī, Līvia dēclāmitāre vult. līberīs absentibus, Līvia stolam sub lectō pōnit, togam sūmit, et induit, statuam in triclīniō pōnit, et ēloquenter dēclāmitat iterum!

subitō, Līvia clāmōrem audit!

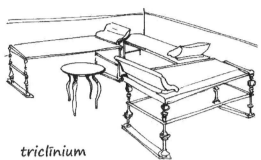
triclīnium

Līvia: "Sexte?! Drūsilla?! Quid agitis, līberī? estisne in culīnā?"

līberī, autem, domī nōn sunt. līberī absunt. Līvia putat clāmōrem esse ē culīnā. Līvia ad culīnam it, sed clam it, togam gerēns. nox est. Līvia nōn bene videt nocte. iam nihil videt.

subitō, Līvia fūrem videt!

miseram Līviam! fūr cācabum Līviae habet! Līvia iam videt fūrem habēre statuam quoque.

Līvia: "Quid agis...fūr? pō...pōne cācabum et statuam in mēnsā! do...do...domō ī!"

fūr subrīdet.

fūr: "māter Rōmāna es. Quid agēs?"

Līvia in fūrem pugnāre vult, sed nōn potest! Līvia domō īre vult! subitō, Drūsilla et Sextus domum eunt! audiunt clāmōrem.

Drūsilla: "Sexte, audīsne clāmōrem?"

Sextus: "audiō. Ubi est māter? māter, māter, esne domī? clāmor est!"

Līvia Sextum audit. honestē loquī vult, sed quoque vult līberōs esse tūtōs.

Līvia: "uhh...sum domī, Sexte! in culīnā cēnam parō. est clāmor quia...quia...quia cācabum quaerō. cācabus sub mēnsā nōn est."

dum Līvia loquitur cum Sextō, fūr rapit cācabum, statuam et stolam Līviae! iam, fūr domō clam it. Līvia nihil videt.

Sextus: "bene, māter. Drūsilla iam domī est. ego, autem, ad Forum Rōmānum īre volō. valē!"

Līvia: "Sexte, nox est! puer es. tūtum nōn est īre ad Forum nocte. vīsne cēnam?"

Sextus: "bene, māter. ad Forum ībō diē. cēnam valdē volō!"

Līvia bona māter est. iam videt fūrem abesse. Līvia laeta est quia fūr abest. līberī, autem, domī iam sunt. Līvia cēnam parāre līberīs dēbet. Līvia togam clam pōnit sub mēnsā, quia stolam induere dēbet.

miseram mātrem Līviam! cācabus et statua sub mēnsā nōn sunt! stola rapta est quoque! sēcrētum Līviae tūtum nōn erit!

Γ-Δ (Gamma-Delta)

diē Sāturnī, Līvia dēclāmitāre vult, māne. līberīs absentibus, Līvia stolam sub lectō pōnit, togam sūmit et induit, et statuam in triclīniō pōnit ut ēloquenter dēclāmitet iterum! subitō, Līvia strepitum audit!

Līvia: "Sexte?! Drūsilla?! Quid agitis, līberī? estisne in culīnā?"

līberī, autem, domī nōn sunt. līberī absunt. Līvia strepitum ē culīnā esse putat. ad culīnam it, sed clam it, togam gerēns statuamque ferēns. nox est. Līvia, quae nōn bene videt nocte, iam nihil videt. subitō, Līvia fūrem videt! miseram Līviam! fūr, quī est in domō Līviae, cācabum Līviae habet! Līvia iam videt fūrem statuam quoque habēre.

Līvia: "Quid agis...fūr? pō...pōne cācabum et statuam in mēnsā! do...do...domō ī! discēde!"

fūr subrīdet.

fūr: "māter Rōmāna es. Quid agēs?"

Līvia in fūrem pugnāre vult, sed nōn potest! Līvia domō discēdere vult! subitō, Drūsilla et Sextus domum veniunt, strepitum audientēs!

Drūsilla: "Sexte, audīsne strepitum?"

Sextus: "audiō. Ubi est māter? māter, māter, esne domī? strepitus est!"

Līvia fīlium audit. honestē loquī vult, sed quoque līberōs tūtōs esse vult.

Līvia: "uhh...sum domī, Sexte! in culīnā cēnam parō. est strepitus quia...quia...quia cācabum quaerō. cācabus sub mēnsā nōn est."

dum Līvia cum Sextō loquitur, fūr cācabum, statuam, et stolam rapuit! iam, fūr domō clam discēdit, Līviā nihil vidente.

Sextus: "bene, māter. Drūsilla iam domī est. ego, autem, ad Forum Rōmānum īre volō. fac ut valeās!"

Līvia: "Sexte, venī! nox est. puer es. īre ad Forum nocte tūtum nōn est. velīsne cēnam habēre?"

Sextus: "bene, māter. ad Forum ībō diē, nōn nocte. cēnam valdē velim!"

Līvia bona māter est. fūr vidētur abesse. fūre absente, Līvia laeta est. līberī, autem, domī iam sunt. Līvia cēnam parāre līberīs dēbet. togam clam pōnit sub mēnsā ut stolam induat.

miseram mātrem Līviam! cācabus et statua sub mēnsā nōn sunt! stola rapta est quoque! sēcrētum Līviae tūtum nōn erit!

Activities
Sentences for Dictations (standard, Running, or Egg)

diē Sāturnī, Agrippīna pugnāre vult.

puerīs absentibus, Agrippīna stolam sub lectō pōnit, et fortiter pugnat iterum!

subitō, Agrippīna clāmōrem audit!

puerī domī nōn sunt. puerī absunt.

Agrippīna putat clāmōrem esse ē culīnā.

Agrippīna ad culīnam it, sed clam it, arma gerēns.

nox est. Agrippīna nōn bene videt nocte.

subitō, fūr in Agrippīnam pugnat!

fūr urnam Agrippīnae habet, sed iam videt Agrippīnam habēre arma.

fūr arma nōn habet.

Word Clouds

10 High Frequency Latin Phrases

- domī nōn sunt diē
- domum
- nōn bene vidēt
- nox est arboribō
- putābam mātrēs esse
- est fortior ire vult
- domō
- habēre arma
- tūtum nōn erit

10 other Latin phrases

- miseram mātrem Agrippīnam
- puerī absunt
- cēnam parō
- stolam et urnam rapit
- īnsigne Sāturnī
- urnam quaerō
- sub lectō
- in mēnsā
- in fūrem pugnābat
- induere dēbet

English Quadrant Race

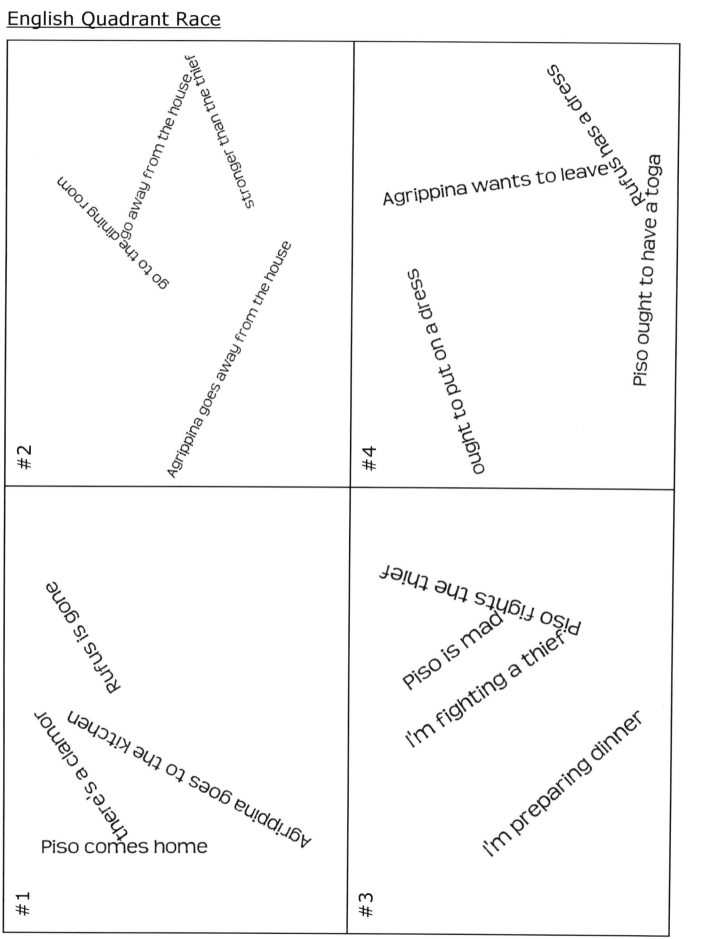

108

VII
fūrem quaerēns

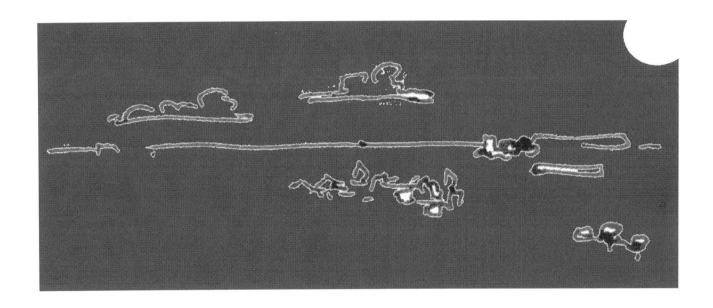

Grammar Topics

Nouns:
1st *Agrippīna, stola, cēna, urna, Līvia*
2nd *arma, domus, Mercurius, Sāturnus, sēcrētum, cubiculum*
3rd *fūr, māter, Pīsō, nox*
5th *diēs, rēs*

Nominative:	subject and predicate *Pīsō audit*
Genitive:	possession *diē Mercuriī, diēs Sāturnī, sēcrētum Agrippīnae, diē Iovis, domum Līviae, videt Līviam*
Accusative:	direct object *stolam nōn habeō, stolam rapuit, arma habeō, stolam volō, mātrem audit, parāsne cēnam?, cēnam parō, urnam nōn habeō, urnam habet, quaeram urnam, urnam sūmpsit, fūrem quaerit, rapuit et urnam et stolam, cēnam parant, Agrippīnam nōn vidēbunt, cēnam parāns, rem putāns, stolam quaerō, sēcrētum habeō, arma gerēns, stolās habet*
	object of prepositions *ad cubiculum*
	place to which *domum īre*
Ablative:	object of prepositions *ā Līviā, ā fūre, ē domō, in culīnā*
	time when *diē Mercuriī, diē Iovis, diē*
	place from which *domō it*

Pronouns:
personal: *ego*
interrogative: *Ubi?, Quid?*

Adjectives:
1st/2nd *Rōmānus, tūtus, laetus, multī*
3rd *tristis*
noun/adjective agreement *mātrēs Rōmānae, sēcrētum tūtum, Agrippīna laeta, Agrippīnam arma gerentem, multī Rōmānī*

Adverbs: *nōn, iam, clam, diē, nocte, bene, subitō*

Conjunctions: *sed, nam, et, autem, quia, quoque*

Prepositions: *ā/ab, ad, ē/ex, in*

Verbs:
1st *parāre, putāre*
2nd *habēre, dēbēre*
3rd *rapere, gerere, agere, quaerere, sūmere, vidēre*
4th *audīre*

indicative:	present active *habeō, habet, dēbent, dēbeō, audit, agis, parāsne?, parō, putat, quaerit, parant, dēbet, videt, rapit*
	perfect active *rapuit, sūmpsit*
	future active *quaeram, vidēbunt*
subjunctive:	hortatory, jussive *Quid agam?!*
gerundive:	*ad cēnam parandam, ad urnam quaerendam, ad stolam sūmendam*
infinitive:	present active *gerere, habēre, īre, vidēre, induere, esse, rapere*
participle	*arma gerentem, cēnam parāns, arma gerēns*
irregular:	*abesse* (present *abest, absunt*)
	esse (present *est*)
	īre (present *it*)
	posse (present *possum, potest*)
	velle (present *volō*)
indirect statement	*putat mātrem īre domum*
impersonal	*placet*

Vocabulary

New Words & *New Forms*

agam	gerentem	quaeram	sūmendam
ā	**multī**	quaerendam	sūmpsit
diē Iovis	parant	quaerēns	vidēbunt
diēs Sāturnī	parāns	rapere	
fūre	parāsne		

Phrases/Structures & Noun/adjective Phrases

<u>Sweet Sēdecim (Top 16)</u>
audīre
    mātrem audit
esse
    Ubi est?
    nox est
    tūtum erit
    esse ē domō
    laeta est
    nōn possum esse
    ego sum fūr
habēre
    stolam nōn habeō
    iam habet
    dēbeō habēre
    urnam habet
    sēcrētum habeō
    stolās habet
    dēbent habēre
īre
    domum īre
    it ad
    clam it
possum
    gerere nōn possum
    vidēre nōn potest
    nōn possum esse
    possum rapere
putāre
    putat mātrem īre
    rem putāns
velle
    stolam volō
    īre volō
vidēre
    nōn bene vidēbunt
    videt Līviam
    vidēre nōn potest
    nihil videt

<u>Other</u>
abesse
    urna abest
    fūr abest
    urna et stola absunt
agere
    Quid agis?
    Quid agam?!
dēbēre
    gerere dēbent
    dēbeō habēre
    nōn dēbet esse
    induere dēbeō
    dēbent habēre
gerere
    arma gerere
    arma gerentem
    arma gerēns
induere
    induere dēbeō
parāre
    parāsne cēnam?
    cēnam parō
    ad cēnam parandam
    cēnam parant diē
    cēnam parāns
quaerere
    quaeram urnam
    ad urnam quaerendam
    fūrem quaerit
    clam quaerit
    stolam quaerō
rapere
    stolam rapuit
    possum rapere
    clam rapit
subrīdēre
    subrīdet
sūmere
    urnam sūmpsit
    ad stolam sūmendam

    ā Līviā
    ā fūre
    ē domō
    in culīnā

Possible Discussion Questions

Latīnē
I. fūr stolam Agrippīnae rapuit. Cūr Agrippīna arma gerere domī nōn potest?
II. Agrippīna dīcit sē cēnam parāre (i.e. "cēnam parō, Pīsō"). sed, paratne cēnam Agrippīna?
III. Pīsō scit Līviam urnam sūmere (i.e. "Līvia urnam sūmpsit diē Mārtis"). Quid Agrippīna dīcit?
IV. quaeritne Agrippīna stolam, an urnam Līviae?
V. putatne Pīsō mātrem īre ad Forum, an domum Līviae?
VI. Agrippina fūrem quaerit. quaerāsne fūrem?
VII. Agrippīna et Līvia cēnam parant nocte. Quandō cēnam habēs?
VIII. dēbentne mātrēs Rōmānae esse ē domō nocte?
IX. Līvia in culīnā est. estne Līvia domī, an in domō Agrippīnae?
X. Agrippīna stolam Līviae rapere voluit. estne Agrippīna bona? raperēsne stolam Līviae?

English
1) The thief stole Agrippina's dress. Why can't she wear armor at home?
2) Agrippina says that she's preparing dinner. But is she?
3) Piso knows that Livia got the water-pot. What does Agrippina say?
4) Does Agrippina search for the dress, or Livia's water-pot?
5) Does Piso think his mother is going to the Forum, or Livia's house?
6) Agrippina is looking for the thief. Would you look for a thief?
7) Agrippina and Livia prepare dinner at night. When do you have dinner?
8) Should Roman mothers be out of the house at night?
9) Livia is in the kitchen. Is she home, or at Agrippina's house?
10) Agrippina wanted to steal Liva's dress. Is Agrippina good? Would you steal Livia's dress?

Choose-Your-Own-Level

A (Alpha)

Līvia: "ego nōn habeō stolam. fūr stolam rapuit! fūr iam habet stolam. ego togam habeō. sed, ego nōn possum gerere togam. mātrēs Rōmānae gerunt stolās!"

Sextus: "māter, parāsne cēnam?"

Līvia: "ego cēnam parō, sed nōn habeō cācabum. Agrippīna cācabōs habet. ego volō īre domum Agrippīnae. ego volō cācabum ad cēnam parandam."

Sextus: "sed Agrippīna habuit cācabum diē Mārtis. est diēs Sāturnī! Agrippīna nōn habet cācabum."

sēcrētum Līviae nōn est tūtum!

Līvia: "uhh...Agrippīna habuit cācabum et diē Mārtis et diē Iovis. iam eō domum Agrippīnae."

Līvia clam it domō. nox est. Rōmānī nōn bene vidēbunt nocte. Rōmānī nōn vidēbunt Līviam. sēcrētum Līviae erit tūtum. sed, Līvia nōn potest vidēre fūrem.

Līvia:
fūr stolam rapuit! ego volō stolam, sed nōn videō fūrem. ego nōn habeō stolam. ego sēcrētum habeō. sēcrētum meum nōn est tūtum! ego nōn possum gerere togam domī!

hmm...Agrippīna habet stolās! ego possum rapere stolam Agrippīnae!"

Līvia clam it domum Agrippīnae. Līvia vult rapere stolam Agrippīnae. Līvia vult stolam, sed Līvia nōn videt stolās! Agrippīna nōn habet stolās!

Līvia:
Agrippīna nōn habet stolās?! Agrippīna est māter Rōmāna tenera. fūr probābiliter rapuit stolās Agrippīnae quoque...

subitō, Līvia Gāium videt!

   Līvia: "frāter!"

   Gāius: "Līvia, vīdī fūrem in Cūriā. fūr habuit statuam, stolam, et cācabum. iam, habeō stolam!"

   Līvia: "est stola mea!"

   Gāius: "Līvia, es māter Rōmāna tenera. iam es tūta. vīsne cācabum, statuam, et stolam?"

Līvia iam habet stolam. sēcrētum iam est tūtum.

   Līvia: "ego volō īre domum. Drūsilla et Sextus probābiliter volunt cēnam."

Līvia it domum.

B (Beta)

Līvia: "Ubi est stola?! stolam nōn habeō. fūr stolam rapuit! fūr stolam iam habet. togam habeō, sed togam gerere nōn possum. nam, mātrēs Rōmānae stolās gerere dēbent. stolam dēbeō habēre. stolam volō!"

Sextus mātrem audit.

Sextus: "Quid agis, māter? parāsne cēnam?"

Līvia: "cēnam parō, sed cācabum nōn habeō. cācabus...cācabus...cācabus abest. Agrippīna cācabōs habet. domum Agrippīnae īre volō. quaeram cācabum ab Agrippīnā ad cēnam parandam."

Sextus: "sed Agrippīna cācabum sūmpsit diē Mārtis. est diēs Sāturnī! clārē, Agrippīna cācabum nōn habet."

Līvia honesta est, sed sēcrētum tūtum nōn est!

Līvia: "uhh...Agrippīna sūmpsit cācabum et diē Mārtis et diē Iovis."

Sextus ad cubiculum it. Sextus putat mātrem īre domum Agrippīnae ad cācabum quaerendum.[1] Agrippīna, autem, cācabum nōn habet, et Līvia fūrem quaerit. nam, fūr rapuit, cācabum, statuam et stolam! Līvia domō clam it ad stolam sūmendam[2] ā fūre.

---

[1] **ad cācabum quaerendum** *to look for the cooking-pot*
[2] **ad stolam sūmendam** *to get the dress*

nox est. mātrēs Rōmānae cēnam parant diē, sed Līvia cēnam parat nocte. Līvia laeta est quia Rōmānī nōn bene vidēbunt nocte. Rōmānī Līviam togam gerentem nōn vidēbunt. sēcrētum Līviae tūtum erit. Līvia fūrem quaerit, sed clam quaerit. nam, māter Rōmāna nōn dēbet esse ē domō nocte, togam gerēns!

subitō, Līvia Agrippīnam videt!

Agrippīna nōn ē domō, sed domī est, cēnam parāns in culīnā. Agrippīna, autem, nōn bene videt nocte. Agrippīna Līviam vidēre nōn potest. Līvia laeta est. Līvia fūrem quaerit et quaerit et quaerit. fūr, autem, abest. cācabus, statua et stola Līviae absunt quoque. raptī sunt ā fūre!

Līvia, rem putāns:
stolam dēbeō habēre. fūr stolam rapuit! stolam quaerō, sed fūr abest. stolam nōn habeō. sēcrētum habeō. sēcrētum nōn est tūtum! stolam induere dēbeō. nam, nōn possum esse domī togam gerēns! Quid agam?![3]

subitō, Līvia laeta est! subrīdet.

Līvia, rem putāns:
clārē, Agrippīna stolās habet! possum rapere stolam ab Agrippīnā!

nox est. Līvia clam domum Agrippīnae it ad stolam rapiendam.[4] Līvia stolam rapere vult, sed Līvia nihil videt! Agrippīna stolās nōn habet!

---

[3] **Quid agam?!** *What should I do?!*
[4] **ad stolam rapiendam** *to steal a dress*

Līvia, rem putāns:
Cūr Agrippīna stolās nōn habet? Agrippīna est māter Rōmāna.
fūr probābiliter rapuit stolās Agrippīnae quoque...

subitō, Līvia frātrem, Gāium videt!

Līvia: "frāter!"

Gāius: "Līvia, in fūrem iam pugnāvī. vīdī fūrem īre ad Cūriam. fūr ad Cūriam īvit cum statuā, stolā, et cācabō. in fūrem pugnāvī. iam, habeō stolam. estne stola tua? Cūr togam geris?!"

Līvia: "est stola mea! togam gerō quia...quia...quia fūr stolam meam rapuit, clārē! ego domō īvī ad fūrem quaerendum."

Gāius: "quaerēbās fūrem?! Līvia, nōn erat tūtum! es tenera māter Rōmāna. laetus sum quia tūta es. fūr cācabum, statuam, et stolam rapuit! iam, habē cācabum, statuam, et stolam tuam!"

Līvia iam habet stolam iterum. laeta est. sēcrētum iam est tūtum.

Līvia: "dēbeō domum īre ad cēnam parandam. Drūsilla et Sextus cēnam habēre dēbent."

laeta, Līvia domum it.

Γ-Δ (Gamma-Delta)

Līvia: "Ubi stola sit?! stolam, quae ā fūre rapta est, nōn habeō! fūr stolam iam habet. togam habeō, sed eam gerere nōn possum. nam, matrēs Rōmānae stolās gerere dēbent ut tenerae esse videantur. stola mihi habenda est![1]"

Sextus mātrem loquentem audit.

Sextus: "Quid agis, māter? parāsne cēnam?"

Līvia: "cēnam parō, sed cācabum nōn habeō. cācabus…cācabus…cācabus abest. Agrippīna cācabōs habet. domum Agrippīnae īre volō ut ab Agrippīnā cācabum quaeram ad cēnam parandam."

Sextus: "sed Agrippīna cācabum sūmpsit diē Mārtis. hodiē diēs Sāturnī est! sānē, Agrippīna cācabum nōn habet."

sēcrētum tūtum nōn est!

Līvia: "uhh…cācabus noster ab Agrippīnā sūmptus est et diē Mārtis et diē Iovis."

Sextus ad cubiculum it. putat mātrem īre domum Agrippīnae ut cācabum quaerat.[2] Agrippīna, autem, cācabum nōn habet, et Līvia fūrem, quī cācabum, statuam, et stolam fert, quaerit. Līvia domō clam discēdit ad stolam ā fūre sūmendam.[3] nox est. multae mātrēs Rōmānae diē cēnam parant, sed Līvia

---

[1] **mihi habenda est** *to me it must be had (i.e. I must have)*
[2] **ut cācabum quaerat** *in order to search for a cooking-pot*
[3] **ad stolam ā fūre sūmendam** *to get the dress from the thief*

cēnam nocte parat. Līvia laeta est quia togam gerēns, ab Rōmānīs nōn vidēbitur nocte. sēcrētum Līviae tūtum erit. Līvia fūrem quaerit, sed clam quaerit. nam, māter Rōmāna, togam gerēns, ē domō nocte nōn dēbet esse! subitō, Līvia Agrippīnam videt! Līvia Agrippīnam nōn ē domō, sed domī, parantem cēnam in culīnā, videt. Agrippīna, autem, nōn bene vidēns nocte, Līviam vidēre nōn potest. Līvia laeta fūrem quaerit et quaerit et quaerit. fūr, autem, nōn vidētur. abest. cācabus, statua et stola Līviae absunt quoque, ā fūre raptī sunt!

Līvia, rem putāns:
stolam habēre dēbeō. stolam quaerō, sed fūr abest. stolam nōn habeō. sēcrētum, autem, habeō. sēcrētum nōn est tūtum! Quid agam?![4]

subitō, Līvia laeta est! subrīdet.

Līvia, rem putāns:
sānē, Agrippīna stolās multās habet! stolam ab Agrippīnā rapere possum!

Līvia clam discēdit ad domum Agrippīnae ut stolam rapiat.[5] stolam rapere vult, sed Līvia nihil videt! Agrippīna stolās nōn habet!

Līvia, rem putāns:
Cūr Agrippīna, māter Rōmāna tenera, stolās nōn habet? stolae Agrippīnae ā fūre probābiliter raptae sunt quoque...

---

[4] **Quid agam?!** *What should I do?!*
[5] **ut stolam rapiat** *in order to steal a dress*

subitō, Līvia frātrem, Gāium videt!

Līvia: "frāter!"

Gāius: "Līvia, in fūrem iam pugnāvī. vīdī fūrem īre ad Cūriam— ferentem statuam, stolam, et cācabum. in fūrem pugnāvī...iam, habeō stolam. estne stola tua? Cūr togam geris?!"

Līvia: "est stola mea! togam gerō quia...quia...quia stola mea ā fūre rapta est, sānē! domō discessī ut fūrem quaereret."[6]

Gāius: "fūrem quaerēbās?! Līvia, id tūtum nōn erat! tenera māter Rōmāna es. laetus sum quia tūta es. fūr cācabum, statuam et stolam rapuit! iam, habē cācabum, statuam, et stolam tuam!"

Līvia, laeta, iam habet stolam iterum. sēcrētum iam est tūtum iterum.

Līvia: "dēbeō domum īre ut cēnam parem. Drūsillae et Sextō cēna habenda est."

laeta, Līvia domum it.

---

[6] **ut fūrem quaereret** *in order to search for the thief*

Activities
Sentences for Dictations (standard, Running, or Egg)

Pīsō mātrem audit.

sēcrētum Agrippīnae tūtum nōn est!

Pīsō ad cubiculum it.

Pīsō putat mātrem īre domum Līviae ad urnam quaerendam.

Līvia, autem, urnam nōn habet.

Agrippīna domō clam it ad stolam sūmendam ā fūre.

nox est. Agrippīna laeta est quia Rōmānī nōn bene vidēbunt nocte.

Rōmānī Agrippīnam arma gerentem nōn vidēbunt.

sēcrētum Agrippīnae tūtum erit.

Agrippīna fūrem quaerit, sed clam quaerit.

Word Clouds

10 High Frequency Latin Phrases

- ad stolam sūmendam
- nōn bene vidēbunt
- dēbeō habēre
- vidēre nōn potest
- stolās habet
- putat mātrem īre
- gerere nōn possum
- nōn possum esse
- nox est
- ē domō

10 other Latin phrases

- gerere dēbent
- quaeram urnam
- fūr abest
- arma gerentem
- clam rapit
- cēnam parant diē
- ad cēnam parandam
- ā fūre
- induere dēbeō
- stolam quaerō

English Quadrant Race

VIII
puer bonus

Grammar Topics

Nouns:
1st *Agrippīna, Britanniā, toga, poēta*
2nd *Rūfus, triclīnium, cubiculum, marītus, Tiberius, triclīnium, puer, discipulus, arma*
3rd *Mārs, pater, Pīsō, mīles, māter, frāter*
4th *exercitus, versus*
5th *rēs*

Nominative:	subject and predicate *Tiberius abest*
Genitive:	possession *diēs Mārtis, pater Pīsōnis et Rūfī, frāter Pīsōnis*
Dative:	indirect object *mihi placent*
Accusative:	direct object *cēnam parat, mātrem audit, togam gerit, Pīsōnem videt, rem putat*
	object of prepositions *in triclīnium, ad Pīsōnem*
Ablative:	object of prepositions *in triclīniō, in cubiculō, in exercitū, in Britanniā, cum exercitū, cum marītō, ā mātre*
Vocative:	direct address *Rūfe*
Locative:	place where *domī*

Pronouns:
personal: *ego, mihi*

Adjectives:
1st/2nd *Rōmānus, nūdus, bonus, laetus, miser, tenera*
3rd *tristis, fortis*
noun/adjective agreement *exercitū Rōmānō, mātrēs Rōmānae, Rūfus nūdus, ego et pater laetī, miserum Pīsōnem, bonus Rōmānus, Pīsō tristis, māter Rōmāna, māter bona*

Adverbs: *iterum, iam, nōn, subitō, fortiter, clam*

Conjunctions: *sed, et, autem, nam, quoque, quia*

Prepositions: *in, cum, ā/ab, ad*

Verbs:
1st *pugnāre, parāre, putāre*
2nd *subrīdēre, vidēre, dēbēre*
3rd *gerere*
4th *audīre*

imperative:	present active *es!*
indicative:	present active *pugnat, parat, audit, gerit, subrīdet, videt, putat, dēbet, dēbeō, putant, pugnō*
	present passive *vidētur*
infinitive:	present active *pugnāre, esse*
irregular:	*abesse* (present *abest*)
	esse (present *est, sumus*)
	īre (present *it*)
	posse (present *possunt*)
	velle (present *vult, volō, vīs*)
appositive	*vult puerum esse laetum*
indirect statement	*putant mātrēs esse*
impersonal	*placet, placent*

Vocabulary

New Forms

laetī
marītō
mātre
puerum
putant

Phrases/Structures & Noun/adjective Phrases

<u>Sweet Sēdecim (Top 16)</u>
audīre
    mātrem audit
esse
    domī est
    est mīles
    esse nōn possunt
    mīles esse
    bonus es!
    laetī sumus
    discipulus est
    poēta esse
    laetus est
    tristis est
    tristis sum
    Rōmāna sum
    esse tenera
    sum fortis
    nōn sum tenera

īre
    in triclīnium it
    ā mātre it
placēre
    mihi placent
putāre
    rem putat
    putant mātrēs esse
posse
    esse nōn possunt
velle
    pugnāre vult
    pugnāre volō
    volō esse
    vīs esse
    vult puerum esse
vidēre
    Pīsōnem videt
    vidētur esse

<u>Other</u>
abesse
    cum exercitū abest
dēbēre
    dēbet esse
    dēbeō tenera esse
gerere
    togam gerit
parāre
    cēnam parat

pugnāre
    pugnāre vult
    pugnāre volō
    iam pugnat
    cum marītō pugnāre
    pugnāre fortiter
    clam pugnō
subrīdēre
    subrīdet

in triclīniō
in cubiculō
in exercitū
in Britanniā

pater Pīsōnis et Rūfī
mātrēs Rōmānae
miserum Pīsōnem
discipulus versuum

Possible Discussion Questions

Latīnē
I. Agrippīna pugnāre vult. Cūr Agrippīna pugnāre nōn potest hodiē?
II. marītus Agrippīnae abest. abestne Tiberius cum Iūliō, an exercitū?
III. Tiberius mīles est. velīsne esse mīles? velīsne esse magister? Cūr?
IV. Cūr Agrippīna et Tiberius laetī sunt?
V. Cūr Pīsō vidētur esse tristis? Quid Pīsō audīvit?
VI. Pīsō est discipulus versuum. placentne tibi versūs?
VII. Quālis Rōmānus dēbet esse mīles?
VIII. Cūr Agrippīna tristis est?
IX. mātrēs Rōmānae mīlitēs esse nōn possunt. potesne esse mīles?
X. Quem Agrippīna vult esse laetum—Pīsōnem, an Sextum?

English
1) Agrippina wants to fight. Why can't she fight today?
2) Agrippina's husband is away. Is he away with Julius, or the army?
3) Tiberius is a soldier. Would you like to be a soldier? A teacher? Why?
4) Why are Agrippina and Tiberius happy?
5) Why does Piso seem to be sad? What did Piso hear?
6) Piso is a student of poetry. Do you like poetry?
7) What kind of Roman ought to be a soldier
8) Why is Agrippina sad?
9) Roman mothers aren't able to be soldiers. Are you able to be a soldier?
10) Whom does Agrippina want to be happy—Piso, or Sextus?

Choose-Your-Own-Level

A (Alpha)

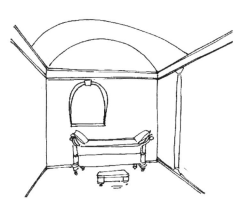

est diēs Mārtis. Līvia vult dēclāmitāre. Sextus est domī.

Līvia: "ego dēclāmitāre volō. ego volō dēclāmitāre in Cūriā. frāter, Gāius, iam dēclāmitat in Forō Rōmānō. ego volō dēclāmitāre cum Gāiō in Senātū Rōmānō."

Sextus iam it in culīnam. Sextus togam gerit.

Sextus: "māter, māter, ego volō esse senātor! ego senātor volō esse! senātor essssse volōōōō!"

Līvia: "Sexte, nōn vīs esse sculptor?!"

Sextus: "ego possum et sculpere et dēclāmitāre. iam, ego volō esse et senātor et sculptor."

Līvia: "es puer bonus!"

subitō, Līvia videt Drūsillam et Pīsōnem in triclīniō! Pīsō tristis est.

Līvia...

bonī Rōmānī dēfendunt Rōmam. Pīsō nōn vult dēfendere Rōmam. Pīsō tristis est. ego quoque sum tristis. ego sum māter Rōmāna. sed, ego nōn sum tenera—sum ēloquens! ego dēclāmitāre volō! ego volō esse senātor. mātrēs Rōmānae nōn possunt esse senātōrēs. ego tristis sum.

Pīsō tristis est. subitō, Pīsō it domō Līviae!

Līvia bona est. Līvia it ad Pīsōnem. Līvia loquitur cum Pīsōne. Līvia ēloquenter loquitur cum Pīsōne. Pīsō iam tristis nōn est.

B (Beta)

est diēs Mārtis. Līvia iterum dēclāmitāre vult, sed Sextus domī est. Līvia in culīnā est. Sextus est in cubiculō.

Līvia: "dēclāmitāre volō. frāter, Gāius, in Forō Rōmānō iam dēclāmitat."

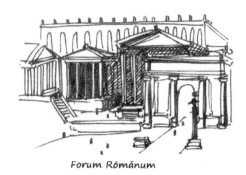
Forum Rōmānum

Gāius vult esse senātor. Gāius in Senātū Rōmānō dēclāmitāre vult. iam, in Forō Rōmānō, sed nōn in Cūriā, dēclāmitat. Līvia, autem, domī est, et cēnam parat. nam, mātrēs Rōmānae senātōrēs esse nōn possunt.

Līvia: "volō cum Gāiō in Senātū Rōmānō, in Cūriā, dēclāmitāre."

Sextus mātrem audit, et in culīnam iam it. Sextus togam gerit.

Sextus: "māter, māter, senātor esse volō! senātor esse volō! senātor essssse volōōōō!"

Līvia: "Sexte, nōn vīs esse sculptor?!"

Sextus: "possum et sculpere et dēclāmitāre. iam, volō esse et senātor et sculptor."

Līvia: "puer bonus et honestus es! vīs esse et senātor et sculptor—ego et pater laetī sumus!"

Līvia subrīdet. subitō, Līvia Drūsillam et Pīsōnem in triclīniō videt! Līvia iam nōn subrīdet.

Līvia rem putat...
miserum Pīsōnem! bonus Rōmānus dēbet dēfendere patriam. bonus Rōmānus dēbet esse senātor. Pīsō patriam dēfendere nōn vult. Pīsō esse senātor nōn vult. frāter Pīsōnis, Rūfus, autem, patriam dēfendere vult. Rūfus mīles esse vult. laetus est. Pīsō tristis est. ego quoque tristis sum. māter Rōmāna sum. dēbeō tenera esse. ego, autem, sum ēloquens! nōn sum tenera! dēclāmitāre volō! dēclāmitāre ēloquenter volō! Rōmānī putant mātrēs esse tenerās. ego, autem, clam dēclāmitō. ēloquenter clam dēclāmitō. dēclāmitō quia senātor esse volō, sed mātrēs Rōmānae senātōrēs esse nōn possunt. tristis sum.

clārē, Pīsō vidētur esse tristis. subitō, Pīsō domō Līviae it! Līvia, autem, est bona. Līvia ad Pīsōnem it quia vult puerum esse[1] laetum.

Līvia cum Pīsōne loquitur. Līvia ēloquenter cum Pīsōne loquitur. Pīsō iam laetus est.

---
[1] **vult puerum esse** *wants the boy to be*

Γ-Δ (Gamma-Delta)

est diēs Mārtis, māne. hodiē, Līvia iterum dēclāmitāre vult, sed Sextus domī est. māter in culīnā est, fīlius in cubiculō.

Līvia: "dēclāmitāre volō. frāter, Gāius, in Forō Rōmānō iam dēclāmitat."

Gāius senātor velit esse. in Senātū Rōmānō dēclāmitāre velit. iam, in Forō Rōmānō, sed nōn in Cūriā, dēclāmitat. Līvia, autem, domī est, in culīnā cēnam parāns. nam, mātrēs Rōmānae senātōrēs esse nōn possunt.

Līvia: "cum Gāiō in Senātū Rōmānō, in Cūriā, dēclāmitāre velim."

Sextus mātrem audit, et in culīnam iam venit, togam gerēns.

Sextus: "māter, māter, senātor esse velim! senātor esse velim! senātor essssse velimmmmm!"

Līvia: "Sexte, esse sculptor nōn velīs?!"

Sextus: "possum et sculpere et dēclāmitāre. iam, et senātor et sculptor velim esse."

Līvia: "puer bonus et honestus es! vīs esse et senātor et sculptor—ego et pater laetī sumus!"

Līvia subrīdet. subitō, Līvia Drūsillam et Pīsōnem in triclīniō videt! Līvia iam nōn subrīdet.

Līvia rem putat...
miserum Pīsōnem! bonō Rōmānō patria dēfenda est. Pīsō, autem, patriam dēfendere nōn velit. frāter Pīsōnis, Rūfus, autem, patriam dēfendere, et mīles esse velit. laetus est. Pīsō et ego tristēs sumus. dēbeō tenera esse quia māter Rōmāna sum. ego, autem, sum ēloquens, nōn tenera! dēclāmitāre ēloquenter volō! Rōmānī putant mātrēs tenerās esse. ego, autem, clam ēloquenterque dēclāmitō. dēclāmitō quia senātor esse velim, sed frūstrā. nam, mātrēs Rōmānae senātōrēs esse nōn possunt. tristis sum.

sānē, Pīsō tristis vidētur esse. subitō, Pīsō domō Līviae discēdit! Līvia, autem, bona Rōmāna, ad Pīsōnem it ut puer laetus sit.

Līvia cum Pīsōne ēloquenter loquitur. Pīsō iam laetus est.

Activities
Sentences for Dictations (standard, Running, or Egg)

est diē Mārtis.

Agrippīna iterum pugnāre vult, sed Rūfus domī est.

Agrippīna in triclīniō est.

Rūfus est in cubiculō.

Tiberis cum exercitū in Britanniā abest.

Tiberius, pater Pīsōnis et Rūfī, est mīles.

Tiberius in exercitū Rōmānō pugnat.

Agrippīna, autem, domī est, et cēnam parat.

nam, mātrēs Rōmānae mīlitēs esse nōn possunt.

Rūfus mātrem audit, et in triclīnium iam it.

Word Clouds

<u>10 High Frequency Latin Phrases</u>

- esse
- vult puerum esse
- Pater Pisōnis et Rūfī
- tristis
- laetī sumus
- māvīs esse
- ā mātre it
- in triclīnium it
- putant mātrēs esse
- vidētur esse
- esse nōn possunt

10 other Latin phrases

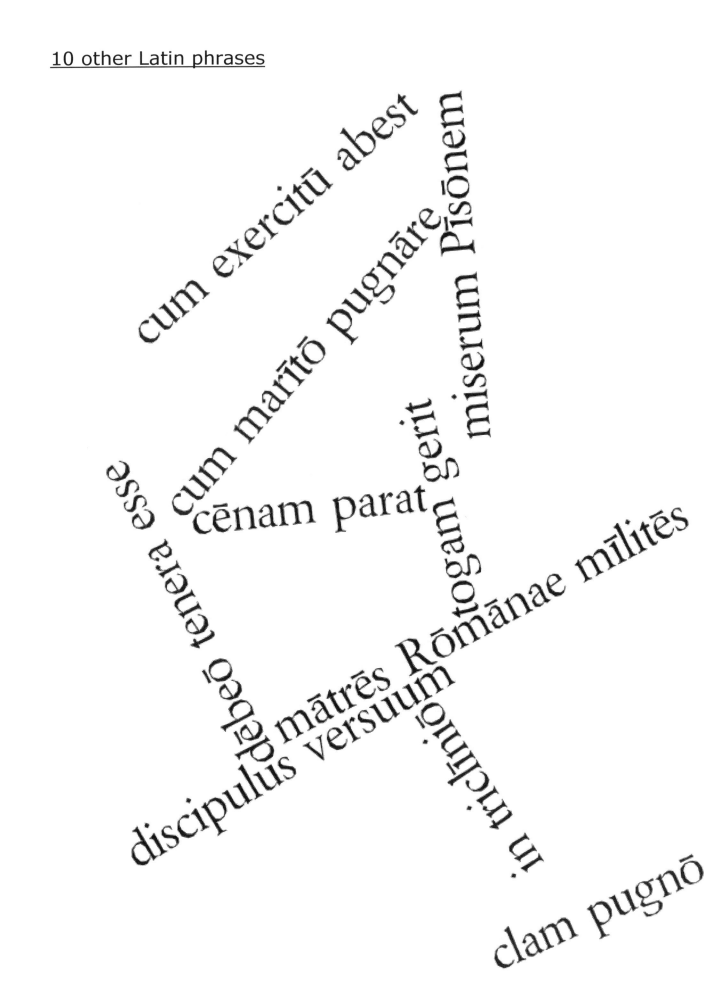

English Quadrant Race

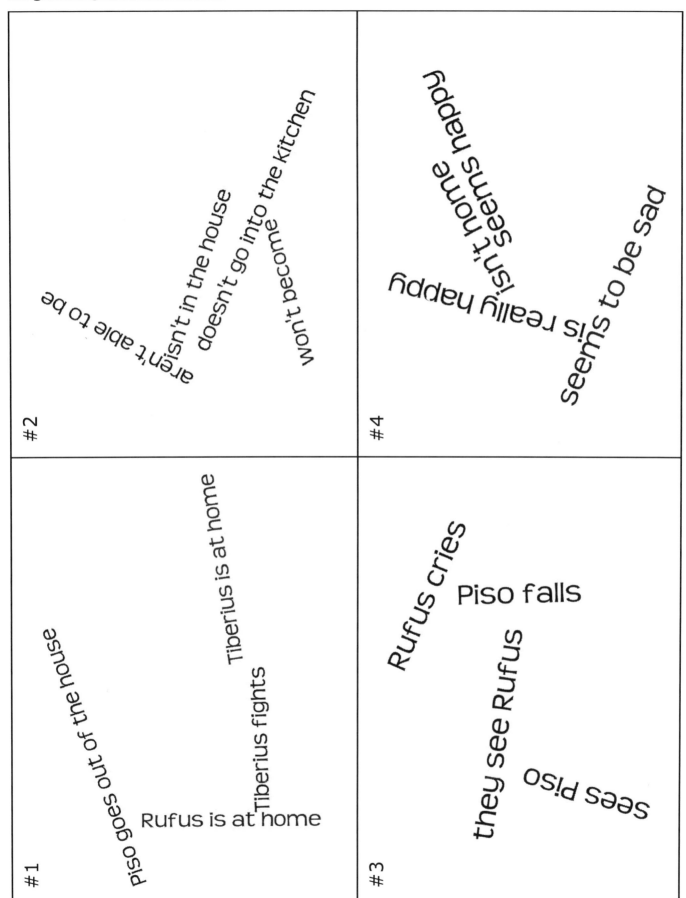

IX
pater abest

Grammar Topics

Nouns:
1st *Agrippīna, Rōma*
2nd *Rūfus, domus, Tiberius, puer, marītus*
3rd *Pīsō, māter, pater*
4th *exercitus*
5th *diēs, rēs*

Nominative:	subject and predicate *tūtus nōn est*
Genitive:	possession *diē Iovis*
Accusative:	direct object *rem putāns, videt puerōs, Līviam videt*
	place to where *domum it, Rōmam it*
Ablative:	object of prepositions *cum exercitū*
	time when *diē Iovis*
Vocative:	direct address *māter*
Locative:	place where *domī*

Pronouns:
interrogative: *Ubi?*

Adjectives:
1st/2nd *laetus, miser, bonus, tūtus*
3rd *tristis, fortis*
noun/adjective agreement *Agrippīna laeta, miserōs puerōs, Pīsō tristis, Rūfus tristior, māter bona, māter fortis, Tiberius tūtus*

comparative   *tristior*

Adverbs: *subitō, iam, nōn*

Conjunctions: *et, sed*

Prepositions: *cum*

Verbs:
1st *putāre, pugnāre*
2nd *vidēre*
3rd *quaerere*

indicative:	present active *videt*
infinitive:	present active *pugnāre, quaerere*
participles:	*putāns*
irregular:	*abesse* (present *abest*)
	esse (present *sunt, est, sit*)
	īre (present *it*)
	posse (present *potest*)
	velle (present *vult*)
impersonal	*placet*

Vocabulary

New Forms

exercitus
Rōmam
sit
puerōs
miserōs
tristior
marītum
quaerere

Phrases/Structures & Noun/adjective Phrases

<u>Sweet Sēdecim (Top 16)</u>
esse
    domī sunt
    Ubi sit?
    nōn est laeta
    est tristis
    est tristior
    bona est
    est fortis
    tūtus nōn est
īre
    domum it
    Rōmam it
	posse
	    potest pugnāre
	putāre
	    rem putāns
	vidēre
	    videt puerōs
	    marītum vidēre
	velle
	    vidēre vult
	    quaerere vult

<u>Other</u>
abesse
    pater abest
quaerere
    marītum quaerere
	pugnāre
	    potest pugnāre

cum exercitū miserōs puerōs	

Possible Discussion Questions

Latīnē
- I. est diēs Iovis. Pīsō domum it. estne Pīsō laetus, an tristis?
- II. Quid Rōmam it—exercitus, an elephantus?
- III. Pīsō dīcit patrem abesse (i.e. "māter, pater abest"). Ubi est Tiberius? Quid putās?
- IV. Quis est tristior—Pīsō, an Rūfus? Cūr?
- V. Agrippīna marītum quaerere vult. quaererēsne Tiberium?

English
1) It's Thursday. Piso goes home. Is he happy, or sad?
2) What is going to Rome—the army, or an elephant?
3) Piso says that father is gone. Where is Tiberius? What do you think?
4) Who is sadder—Piso, or Rufus? Why?
5) Agrippina wants to search for her husband. Would you search for Tiberius?

Choose-Your-Own-Level

A (Alpha)

diē Iovis, Līvia et Sextus sunt domī.

subitō, Drūsilla domum it!

    Drūsilla: "māter, māter! pater iam est Rōmae! sed, Tiberius, pater Pīsōnis et Rūfī, nōn est Rōmae"

Līvia, tristis...
Tiberius nōn est Rōmae?! Pīsō tristis erit. Rūfus erit tristior.

Līvia est māter bona et ēloquens. Līvia potest loquī ēloquenter. Līvia vult Agrippīnam vidēre Tiberium.

sed, Tiberius nōn est Rōmae. Tiberius probābiliter nōn est tūtus.

subitō, Līvia Agrippīnam videt!

B (Beta)

diē Iovis, Līvia et Sextus domī sunt. subitō, Drūsilla domum it!

Drūsilla: "māter, māter! mīlitēs Rōmānī iam Rōmae sunt! pater noster est Rōmae!

pater Sextī et Drūsillae est Rōmae. Līvia et Sextus et Drūsilla laetī sunt quia pater, Iūlius, iam est Rōmae!

Drūsilla: "pater noster est Rōmae, sed Tiberius, pater Pīsōnis et Rūfī, abest! Ubi est pater Pīsōnis et Rūfī?"

Līvia nōn est laeta. rem putat...
Tiberius, marītus Agrippīnae, nōn est Rōmae?! Ubi sit?![1]
miseram Agrippīnam! miserōs puerōs! Pīsō tristis erit. Rūfus erit tristior.

Līvia vult Agrippīnam vidēre marītum, sed Tiberius abest. Tiberius tūtus nōn est. Līvia māter bona est. est māter ēloquens. potest loquī ēloquenter.

subitō, Līvia Agrippīnam videt!

---
[1] **Ubi sit?!** *Where could he be?!*

Γ-Δ (Gamma-Delta)

diē Iovis, Līvia et Sextus domī sunt. subitō, Drūsilla domum venit, et in triclīnium it!

Drūsilla: "māter, māter! mīlitēs Rōmānī Rōmam iam vēnērunt! pater noster Rōmae est!

Iūlius iam Rōmae est. Līvia et Sextus et Drūsilla laetī sunt quia Iūlius iam est Rōmae!

Drūsilla: "pater noster est Rōmae, sed Tiberius, pater Pīsōnis et Rūfī, abest! Ubi est pater Pīsōnis et Rūfī?"

Līvia nōn est laeta. rem putat...
Tiberius, marītus Agrippīnae, nōn est Rōmae cum mīlitibus?!
Ubi sit?!¹ miseram Agrippīnam! miserōs puerōs! Pīsō tristis erit. Rūfus erit tristior.

Līvia Agrippīnam vidēre marītum velit, sed Tiberius abest, probābiliter in Britanniā. Tiberius probābiliter tūtus nōn est. Līvia, māter bona, ēloquenter cum Agrippīnā loquī potest.

subitō, Līvia Agrippīnam venientem videt!

---
[1] **Ubi sit?!** *Where could he be?!*

Activities
Sentences for Dictations (standard, Running, or Egg)

diē Iovis, Agrippīna et Rūfus domī sunt.

subitō, Pīsō domum it!

exercitus iam Rōmam it, sed pater cum exercitū nōn est!

Agrippīna nōn est laeta.

videt puerōs. miserōs puerōs!

Pīsō tristis est, sed Rūfus est tristior.

Agrippīna māter bona est. est māter fortis. potest pugnāre.

Agrippīna marītum vidēre vult, sed Tiberius nōn est cum exercitū.

Tiberius tūtus nōn est.

Agrippīna marītum quaerere vult.

Word Clouds
10 High Frequency Latin Phrases

- Rōmam it
- pugnāre
- videt puerōs
- potest
- vidēre vult
- est tristior
- rem putāns
- marītum vidēre
- quaerere vult
- tūtus nōn est
- domī sunt

10 other Latin phrases

- nōn est laeta
- bona est
- pater abest
- miserōs puerōs
- marītum quaerere est trīstis
- cum exercitū potest pugnāre
- Tiberius tūtus est fortis

English Quadrant Race

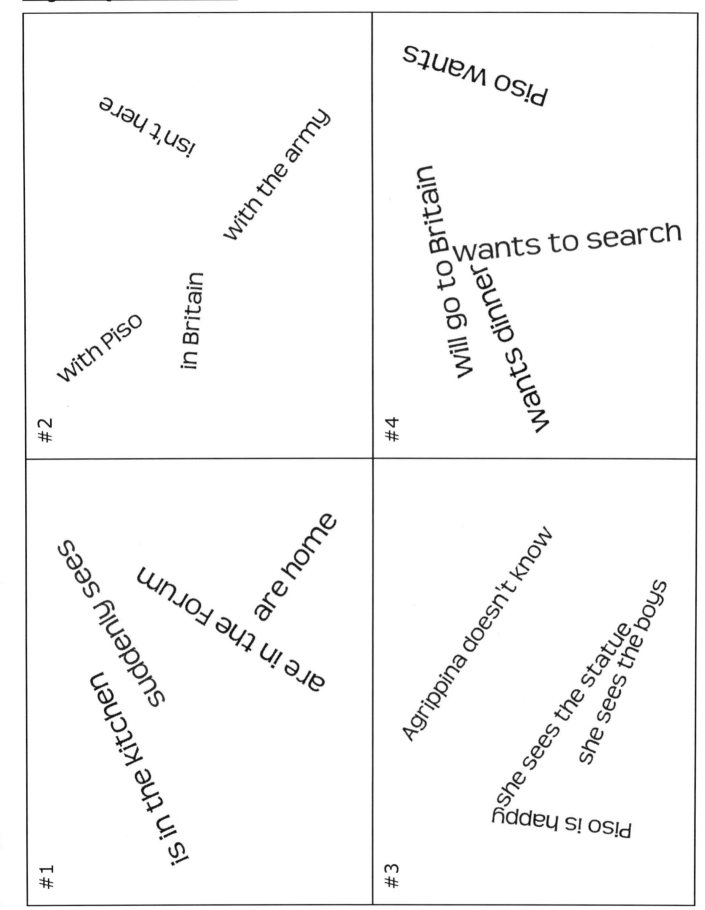

X
frāter Līviae

Grammar Topics

Nouns:
1st *Agrippīna, Līvia, Britanniā, Graecia*
2nd *marītus, Iūlius, Tiberium, domus, Gāius, Rūfus*
3rd *frāter, Pīsō, pater, mīles, iter*
4th *exercitus*
5th *diēs, rēs*

Nominative:	subject and predicate *marītus Rōmae est*
Genitive:	possession *frāter Līviae, diē Sāturnī*
Dative:	indirect object *nōn est Rūfō*
Accusative:	direct object *patrem nōn vīdit, iter facit, rem putāns*
	object of prepositions *ad Graeciam*
Ablative:	object of prepositions *cum exercitū, ā Britanniā, cum Gāiō*
	time when *diē Sāturnī*
Vocative:	direct address *Agrippīna, Līvia*
Locative:	place where *Rōmae, domī*

Adjectives:
1st/2nd *laetus, tuus, bonus, longus, tūtus*
3rd *tristis*
noun/adjective agreement *marītus tuus bonus, iter longum, iter tūtum, frāter tuus*

comparative   *longius*

Adverbs: *nōn, nihil, tristē*
Conjunctions: *quoque, autem, nam, sed, et*
Enclitics: *-ne?*
Prepositions: *cum, ā/ab, ad*

Verbs:
1st *putāre*
2nd *vidēre, subrīdēre*
3rd *quaerere, facere*

indicative:	present active *putat, subrīdet, facit*
	perfect active *vīdit*
gerundive:	*ad marītum quaerendum, ad Gāium videndum*
infinitive:	present active *īre, vidēre*
participles:	*putāns*
irregular:	*abesse* (present *abest*)
	esse (present *sum, estne?*, future *erit*)
	īre (present *eunt*, future *ībit*)
	velle (present *volō*)
appositive	*volō Rūfum īre ad Graeciam*
indirect statement	*putat Tiberium esse Rōmae*
impersonal	*placet*

Vocabulary

New Words & *New Forms*

Britanniam	**ite**
facit	**longum**
Gāius	*tristē*
Gāiō	*Rōmae*
Gāium	*videndum*
Graeciam	*vīdit*
ībit	

Phrases/Structures & Noun/adjective Phrases

<u>Sweet Sēdecim (Top 16)</u> **esse** 　　laeta sum 　　Rōmae est 　　esne laeta? 　　estne domī? 　　laeta nōn sum 　　sum tristis 　　bonus est 　　longum est 　　tūtum nōn est 　　est! **īre** 　　ad Graeciam ībit 　　volō īre 　　eunt ad	**putāre** 　　putat Tiberium esse 　　rem putāns **vidēre** 　　vidēre Tiberium 　　vidēre Gāium 　　ad Gāium videndum **velle** 　　volō vidēre 　　patrem nōn vīdit 　　volō īre
<u>Other</u> **abesse** 　　Tiberius abest **facere** 　　iter facit	**quaerere** 　　ad marītum quaerendum **subrīdēre** 　　nōn subrīdet 　　tristē subrīdet
<div align="center">frāter Līviae cum exercitū marītus tuus mīles bonus iter longum cum Gāiō</div>	

Possible Discussion Questions

Latīnē
  I. Cūr Līvia laeta est?
  II. Quōs Līvia vult vidēre?
  III. Quem Līvia putat esse Rōmae?
  IV. vīditne Pīsō patrem cum exercitū?
  V. Līvia dīcit iter ā Britanniā longum esse (i.e. "iter est longum, Agrippīna"). putāsne Līviam esse honestam, an velle Agrippīnam esse laetam?
  VI. Quis ad Graeciam iter facit—frāter Līviae, an frāter Agrippīnae?
  VII. Quid est longius—iter ad Graeciam, an Britanniam?
  VIII. Agrippīna vult Rūfum īre ad Graeciam. vellēsne Rūfum īre ad Graeciam?

English
1) Why is Livia happy?
2) Whom does Livia want to see?
3) Whom does Livia think is also in Rome?
4) Did Piso see his father with the army?
5) Livia says that the journey from Britain is long. Do you think Livia is being honest, or wants Agrippina to be happy?
6) Who's going to Greece—Livia's brother, or Agrippina's brother?
7) What is longer—a journey to Greece, or Britain?
8) Agrippina wants Rufus to go to Greece. Would you want Rufus to go?

Choose-Your-Own-Level

A (Alpha)

Agrippīna: "Līvia, Līvia, ego volō vidēre Iūlium et Tiberium. estne Iūlius domī?"

Iūlius Rōmae est. sed, Tiberius nōn est Rōmae! Līvia ēloquenter loquitur.

Līvia: "Agrippīna, ego tristis sum. Tiberius nōn est Rōmae. sed, probābiliter est in Britanniā."

subitō, Pīsō domum it!

Pīsō: "māter, māter! Iūlius est Rōmae, sed pater nōn est Rōmae!"

Līvia ēloquenter loquitur.

Līvia: "Tiberius erat in Britanniā. iter¹ longum est."

Agrippīna tristis est.

Agrippīna: "iter longum est."

---
[1] **iter** *journey*

Līvia: "frāter, Gāius, iter facit.² iter nōn est longum. Gāiusībit ad Graeciam diē Sāturnī. iter ad Graeciam est bonum."

subitō, Agrippīna nōn est tristis!

Agrippīna: "Līvia, ego volō vidēre Gāium. estne Gāius domī?"

Līvia: "est!"

Līvia vult vidēre Gāium. Līvia et Agrippīna domum Līviae eunt.

---

² **iter facit** *goes on a journey*

B (Beta)

Agrippīna: "Līvia, Līvia, laeta sum! mīlitēs Rōmānī sunt Rōmae! esne laeta, Līvia? volō vidēre Iūlium et Tiberium. estne Iūlius domī?"

miseram Agrippīnam! Agrippīna putat Tiberium esse[1] Rōmae. Tiberius, autem, abest.

Līvia iam ēloquenter loquitur.

Līvia: "Agrippīna, laeta nōn sum. sum tristis. Tiberius cum mīlitibus nōn est. Tiberius abest."

subitō, Pīsō domum it!

Pīsō: "māter, māter! mīlitēs sunt Rōmae, sed pater abest! pater cum mīlitibus nōn est!"

Agrippīna nōn subrīdet. Līvia iam ēloquenter loquitur.

Līvia: "nihil est, Agrippīna. marītus tuus mīles bonus est. iter[2] longum est ā Britanniā."

---

[1] **putat Tiberium esse** *thinks that Tiberius is*
[2] **iter** *journey*

Agrippīna tristē subrīdet.

Agrippīna: "iter longum est."

Līvia: "frāter, Gāius, iter facit.³ iter, autem, longum nōn est. Gāius ad Graeciam ībit diē Sāturnī. iter ad Graeciam bonum est. iter ā Britanniā est longius! Tiberius Rōmae erit."

subitō, Agrippīna subrīdet!

Agrippīna: "Līvia, volō vidēre Gāium. estne frāter tuus domī?"

Līvia: "est!"

Līvia et Agrippīna domum Līviae eunt ad Gāium videndum.⁴

---

³ **iter facit** *is going on a journey*
⁴ **ad Gāium videndum** *to see Gaius*

Γ-Δ (Gamma-Delta)

Agrippīna: "Līvia, Līvia, laeta sum! mīlitēs Rōmānī sunt Rōmae! esne laeta, Līvia? Iūlium et Tiberium vidēre volō. estne Iūlius domī?"

miseram Agrippīnam! Agrippīna putat Tiberium Rōmae esse.[1] Tiberius, autem, abest.

Līvia cum Agrippīnā ēloquenter iam loquitur.

Līvia: "Agrippīna, laeta nōn sum. sum tristis. marītus meus est Rōmae. marītus, autem, tuus Tiberius, cum mīlitibus Rōmae nōn est. abest, sed probābiliter in Britanniā est."

subitō, Pīsō domum venit!

Pīsō: "māter, māter! mīlitēs sunt Rōmae, sed pater abest! cum mīlitibus nōn est!"

Agrippīna nōn subrīdet. Līvia ēloquenter loquitur iterum.

Līvia: "nihil est, Agrippīna. marītus tuus mīles bonus est. iter[2] longum est ā Britanniā."

Agrippīna tristē subrīdet.

Agrippīna: "iter longum est."

---

[1] **putat Tiberium esse** *thinks that Tiberius is*
[2] **iter** *journey*

Līvia: "frāter, Gāius, iter facit.³ iter, autem, longum nōn est. Gāius ad Graeciam ībit diē Sāturnī. iter ad Graeciam bonum est. iter ā Britanniā est longius! Tiberius Rōmae erit."

subitō, Agrippīna subrīdet!

Agrippīna: "Līvia, Gāium vidēre volō. estne frāter tuus domī?"

Līvia: "est!"

Līvia et Agrippīna domum Līviae eunt ut Gāium videant.⁴

---

³ **iter facit** *is going on a journey*
⁴ **ut Gāium videant** *in order to see Gaius*

Activities
Sentences for Dictations (standard, Running, or Egg)

marītus, Iūlius, Rōmae est cum exercitū!

Līvia putat Tiberium esse Rōmae quoque.

Tiberius, autem, abest.

nam, Pīsō patrem cum exercitū nōn vīdit

Tiberius cum exercitū nōn est. Tiberius abest.

Līvia nōn subrīdet.

Agrippīna tristē subrīdet.

frāter, Gāius, iter facit.

Gāius ad Graeciam ībit diē Sāturnī.

iter ā Britanniā est longius! Tiberius Rōmae erit.

Word Clouds

<u>10 High Frequency Latin Phrases</u>

- ad Graeciam ībit
- est
- eunt ad Gāium
- vidēre Gāium
- longum est
- ad Gāium videndum
- volō īre
- Tiberium esse
- putat Tiberium
- patrem nōn vīdit
- sum tristis

10 other Latin phrases

- frāter Līviae
- mīles bonus
- iter facit
- marītus tuus
- Tiberius abest
- nōn subrīdet
- triste subrīdet
- ad marītum quaerendum
- iter longum
- cum Gāiō

English Quadrant Race

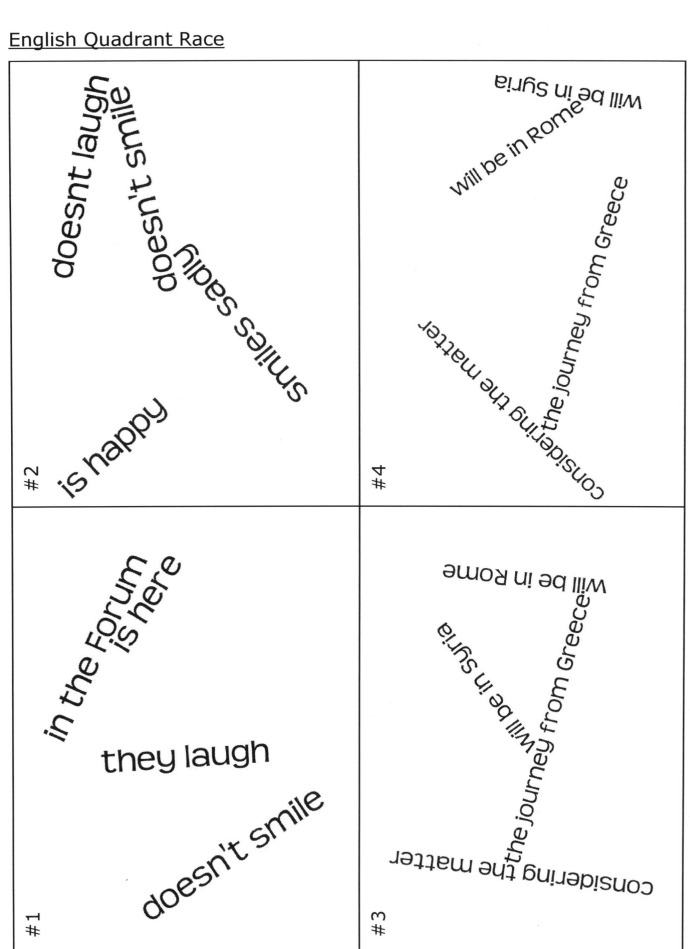

#1
- in the Forum
- is here
- they laugh
- doesn't smile

#2
- doesn't laugh
- doesn't do
- smiles sadly
- is happy

#3
- Will be in Rome
- Will be in Syria
- the journey from Greece
- considering the matter

#4
- Will be in Rome
- Will be in Syria
- the journey from Greece
- considering the matter

XI
sēcrētum Agrippīnae

Grammar Topics

Nouns:
1st *Agrippīna, mēnsa, culīna, Britannia, poēta*
2nd *sēcrētum, arma, puer, Rūfus, cubiculum*
3rd *Pīsō, māter, pater, iter, mīles*
4th *versus*

Nominative:	subject and predicate *iter longum est*
Genitive:	possession *sēcrētum Agrippīnae, sēcrētum mātris*
Dative:	indirect object *Pīsōnī placet*
Accusative:	direct object *Pīsōnem et Rūfum videt, sēcrētum habeō, arma induō, iter facimus, audīre versūs, sūmpsī arma, sūme versūs*
	object of prepositions *ad puerōs, in cubiculum, in culīnam, ad Britanniam*
Ablative:	object of prepositions *sub mēnsā, in culīnā, in itinere, ā mēnsā*
	instrument *armīs pugnō*
Vocative:	direct address *Gāi, Rūfe, puer, Pīsō, puerī*
Locative:	place where *domī*

Pronouns:
personal: *ego*
interrogative: *Cūr?*

Adjectives:
1st/2nd *parātus, bonus, tuum, Rōmānus, tenera, longus*
3rd *fortis, tristis*
noun/adjective agreement *puer bone, cubiculum tuum, māter tua Rōmāna, māter bona, iter longum, versūs tuōs*

Adverbs: *iam, clam, valdē, nōn*

Conjunctions: *et, autem, sed*

Prepositions: *sub, in, ā/ab*

Verbs:
1st *pugnāre*
2nd *vidēre, subrīdēre, habēre, placēre, dēbēre*
3rd *sūmere, agere, induere, facere, quaerere*
4th *audīre*

imperative:	present active *ī!, agite!, sūme!*
indicative:	present active *sūmit, videt, subrīdet, habeō, pugnō, induō, facimus, dēbēmus, dēbeō*
	present passive *vidētur*
	perfect active *sūmpsī*
subjunctive:	hortatory, jussive *eāmus!*
infinitive:	present active *esse, quaerere, īre, audīre, pugnāre*
irregular:	*esse* (present *est, sum, es,* future *erimus*)
	īre (present *it*)
	posse (present *potes, possum*)
	velle (present *volō*)
appositive	*volō patrem esse tūtum*
	volō Rūfum esse tūtum
impersonal	*placet*

Vocabulary

New Forms

agite
armīs
bone
dēbēmus
erimus
facimus
itinere
mātris
parāta
poētulus
potes
sūme
sūmpsī
tuōs
tūtī
versūs

Phrases/Structures & Noun/adjective Phrases

<u>Sweet Sēdecim (Top 16)</u>
audīre
    audīre versūs
esse
    domī est
    parāta est
    sum Rōmāna
    sum fortis
    esse tūtum
    tūtī erimus
    esse tristis
    fortis nōn sum
    longum est
    bonus es
    esse poēta
habēre
    sēcrētum habeō
	īre
	    ad puerōs it
	    in cubiculum eunt
	    ad Britanniam īre
	    eāmus ad!
	placēre
	    Pīsōnī placet
	posse
	    potes esse
	    possum pugnāre
	velle
	    volō patrem esse
	    volō esse
	    volō audīre
	vidēre
	    Pīsōnem et Rūfum videt
	    vidētur esse

<u>Other</u>
agere
    agite, puerī!
dēbēre
    dēbēmus quaerere
    īre dēbeō
    dēbēs esse
    dēbeō pugnāre
facere
    iter facimus
induere
    arma induō
	pugnāre
	    armīs pugnō
	    fortiter pugnō
	    possum pugnāre
	    dēbeō pugnāre
	quaerere
	    quaerere patrem
	subrīdēre
	    subrīdet
	sūmere
	    clam sūmit
	    iam sūmpsī
	    sūme versūs

sēcrētum Agrippīnae sub mēnsā in culīnā in cubiculum	in culīnam sēcrētum mātris in itinere ā mēnsā

Possible Discussion Questions

Latīnē
I. Quōmodo Agrippīna parāta est? Quid gerit?
II. Cūr Agrippīna vult Rūfum īre in cubiculum?
III. Quid Agrippīna dīcit Pīsōnī?
IV. placetne Pīsōnī sēcrētum?
V. estne sēcrētum iam sēcrētum?
VI. Quō Agrippīna et Pīsō iter faciunt?
VII. Quid Agrippīna vult Pīsōnem habēre in itinere?
VIII. Agrippīna dīcit Pīsōnem posse poētam esse (i.e. "Pīsō, potes esse poēta"). putāsne Agrippīnam esse mātrem bonam?

English
1) How is Agrippina prepared? What is she wearing?
2) Why does Agrippina want Rufus to go into his room?
3) What does Agrippina say to Piso?
4) Does Piso like the secret?
5) Is the secret now a secret?
6) Where are Agrippina and Piso going to?
7) What does Agrippina want Piso to have on the journey?
8) Agrippina says that Piso is able to be a poet. Do you think that she's a good mother?

Choose-Your-Own-Level

A (Alpha)

Agrippīna et Gāius iam sunt in triclīniō Līviae. Līvia est in culīnā, parāns cēnam.

Agrippīna: "Gāi, diē Sāturnī, ībis ad Graeciam. volō Rūfum īre ad Graeciam quoque. sed, sēcrētum est."

Gāius: "bene, Rūfus potest īre. Rūfus erit tūtus. sēcrētum erit tūtum quoque."

Agrippīna it domō Līviae. Līvia iam it in triclīnium.

Līvia: "Quid vult Agrippīna, Gāi?"

Agrippīna voluit sēcrētum esse tūtum!

Gāius: "Agrippīna vult Rūf...uhhh...Agrippīna vult Rūfum esse senātōrem. ego volō esse senātor quoque."

Līvia: "bene."

Gāius iam it domō. Līvia clam sūmit et induit togam. Līvia dēclāmitat prō statuā. subitō, Sextus it domum! Sextus it in culīnam!

Sextus: "māter! geris...togam?!"

Līvia: "Sexte, uhh...uhh...ego sum māter Rōmāna, sed...habeō sēcrētum. ego dēclāmitō. ego induō togam, et dēclāmitō prō statuā. ego ēloquenter dēclāmitō. volō esse senātor. ego sum ēloquens—nōn tenera!"

Sextō valdē placet sēcrētum mātris.

Līvia: "ego volō esse senātor. sed, mātrēs Rōmānae nōn possunt esse senātōrēs."

Sextus tristis est.

Sextus: "ego puer sum. ego possum esse senātor. sed, ego nōn sum ēloquens. es ēloquens, sed nōn potes esse senātor. est triste."

Līvia māter bona est.

Līvia: "est triste. sed, ego sum bona māter Rōmāna. vīs esse sculptor. potes esse sculptor, Sexte! dēfendēs Rōmam. nōn eris esse mīles."

Sextus iam nōn est tristis.

Līvia: "iam, vīsne cēnam? eāmus!"

B (Beta)

Agrippīna et Gāius iam sunt in triclīniō Līviae. Līvia, autem, in culīnā est, cēnam parāns.

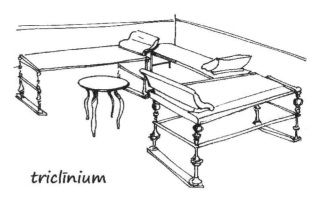
triclīnium

Agrippīna: "Gāī, diē Sāturnī, ad Graeciam ībis. Cūr ad Graeciam ībis?"

Gāius: "ad Graeciam ībō quia volō esse senātor. dēbeō ēloquenter dēclāmitāre."

Agrippīna: "volō Rūfum īre ad Graeciam quoque. volō Rūfum īre ad lūdum. sed, iter nōn est tūtum. Rūfus cum mīlite īre dēbet. Rūfus īre dēbet tēcum.[1] sed, est sēcrētum."

Gāius: "nōn sum mīles. mīles eram, et patriam dēfendēbam. iam, autem, senātor esse volō. sed nihil est. Rūfus mēcum[2] īre potest. Rūfus tūtus erit mēcum. sēcrētum tuum erit tūtum quoque."

laeta, Agrippīna domō Līviae it. Līvia iam in triclīnium it.

Līvia: "Cūr cum Agrippīnā locūtus es?"[3]

Gāius honestus est, sed Agrippīna voluit sēcrētum esse tūtum.

---

[1] **tēcum** *with you*
[2] **mēcum** *with me*
[3] **locūta est** *spoke*

Gāius: "Agrippīna vult Rūf…uhhh…Agrippīna vult Rūfum esse senātōrem. volō esse senātor quoque."

Līvia: "bene."

Gāius iam domō it. līberīs absentibus, Līvia togam in culīnā clam sūmit et induit. togam gerēns, Līvia parāta est ad dēclāmitandum prō statuā.

subitō, Sextus domum it, sed Līvia Sextum nōn audit! Sextus in culīnam it!

Sextus: "māter! Cūr…togam…geris?!"

Līvia: "Sexte, uhh…uhh!"

Līvia videt Sextum esse laetum. Sextus quoque subrīdet. Līvia est honesta. Līvia honestē loquī vult.

Līvia: "Sexte, sum māter tua Rōmāna, sed…sēcrētum habeō. dēclāmitō. togam induō, et prō statuā dēclāmitō. ēloquenter dēclāmitō quia senātor esse volō. sum ēloquens—nōn tenera!"

Sextō valdē placet sēcrētum mātris. Sextus iterum subrīdet.

Līvia: "volō esse senātor, sed mātrēs Rōmānae senātōrēs esse nōn possunt."

Sextus vidētur esse tristis. vult mātrem esse laetam.

Sextus: "possum esse senātor quia puer sum, sed nōn sum ēloquens. es ēloquens, sed nōn potes esse senātor. est triste."

Līvia māter bona est.

Līvia: "est triste. sed, bona māter Rōmāna sum. vīs esse sculptor. potes esse sculptor, Sexte! nōn dēbēs patriam dēfendere. nōn dēbēs esse mīles. nōn dēbēs dēclāmitāre. potes, sed nōn dēbēs. laeta erō quia laetus es."

Sextus iam subrīdet.

Līvia: "iam, vīsne cēnam? eāmus!"

Γ-Δ (Gamma-Delta)

Agrippīna et Gāius iam sunt in triclīniō Līviae. Līvia, autem, in culīnā est, cēnam parāns.

Agrippīna: "Gāi, diē Sāturnī, ad Graeciam ībis, sed cūr ad Graeciam ībis?"

Gāius: "ad Graeciam ībō quia senātor esse velim. ēloquenter dēclāmitāre dēbeō."

Agrippīna: "volō Rūfum ad Graeciam īre quoque. volō Rūfum īre ad lūdum, sed iter tūtum nōn est. Rūfus cum mīlite īre dēbet. potestne Rūfus tēcum[1] īre? est sēcrētum."

Gāius: "mīles eram, et patriam dēfendēbam. iam senātor esse velim, sed nihil est. Rūfus mēcum[2] īre potest. mēcum tūtus erit. sēcrētum tuum erit tūtum quoque."

laeta, Agrippīna domō Līviae discēdit. Līvia iam in triclīnium it.

Līvia: "Cūr cum Agrippīnā locūtus es?"[3]

Gāius honestus est, sed Agrippīna voluit sēcrētum tūtum esse.

---

[1] **tēcum** *with you*
[2] **mēcum** *with me*
[3] **locūta est** *spoke*

Gāius: "Agrippīna velit Rūf...uhhh...Agrippīna velit Rūfum senātōrem esse. quoque senātor velim esse."

Līvia: "bene."

Gāius iam domō discēdit.

līberīs absentibus, toga ā Līviā in culīnā clam sūmitur et induitur. togam gerēns, Līvia parāta est ad prō statuā dēclāmitandum. subitō, Sextus domum venit, sed māter fīlium nōn audit! Sextus in culīnam it!

Sextus: "māter! Cūr...togam...geris?!"

Līvia: "Sexte, uhh...uhh!"

Līvia videt Sextum, quī subrīdet, esse laetum. Līvia honestē loquī vult.

Līvia: "Sexte, sum māter tua Rōmāna, sed...sēcrētum habeō. dēclāmitō. togam induō, et prō statuā ēloquenter dēclāmitō, quia senātor esse velim. sum ēloquens—nōn tenera!"

sēcrētō mātris Sextus fruitur!

Līvia: "senātor esse velim, sed frūstrā. nam, mātrēs Rōmānae senātōrēs esse nōn possunt."

Sextus, quī vidētur esse tristis, mātrem esse laetam vult.

Sextus: "senātor possum esse quia puer sum, sed nōn sum ēloquens. es ēloquens, sed senātor nōn potes esse. est triste."

Līvia māter bona est.

Līvia: "est triste. sed, bona māter Rōmāna sum. velīs esse sculptor. potes esse sculptor, Sexte! neque patriam dēfendere, neque mīles esse, neque dēclāmitāre dēbēs. potes, sed nōn dēbēs. laeta erō quia laetus es."

Sextus iam subrīdet.

Līvia: "iam, vīsne cēnam? eāmus!"

Activities
Sentences for Dictations (standard, Running, or Egg)

Agrippīna iam domī est.

Agrippīna arma sub mēnsā in culīnā clam sūmit.

parāta est. ad puerōs iam it.

Agrippīna Pīsōnem et Rūfum videt.

Rūfus in cubiculum it.

Agrippīna et Pīsō, autem, in culīnam eunt.

Pīsō, sum māter tua Rōmāna, sed...sēcrētum habeō.

pugnō. arma induō, et armīs pugnō.

fortiter armīs pugnō.

volō patrem esse tūtum. tūtī erimus!

Word Clouds

<u>10 High Frequency Latin Phrases</u>

- parāta est
- in erimus tūtī
- potes esse
- in cubiculum eunt
- ūna patrem esse
- vidētur esse
- volō
- iam sūmpsī
- eāmus ad audīre versūs
- sūme versūs

10 other Latin phrases

- possum pugnāre
- quaerere patrem
- arma pugnō
- dēbēmus quaerere
- in itinere
- arma induī
- sub mēnsā
- īre dēbeō
- agite puerī
- secrētum mātris

English Quadrant Race

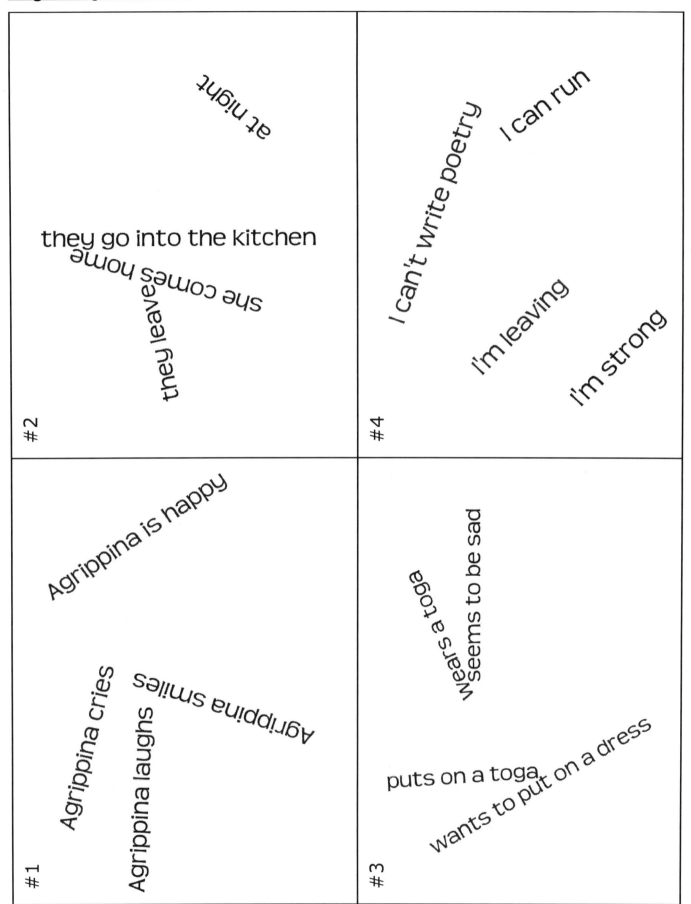

#1
- Agrippina is happy
- Agrippina cries
- Agrippina laughs
- Agrippina smiles

#2
- they go into the kitchen
- she comes home
- they leave
- at night

#3
- wears a toga
- seems to be sad
- puts on a toga
- wants to put on a dress

#4
- I can't write poetry
- I can run
- i'm leaving
- i'm strong

XII
valē!

Grammar Topics

Nouns:

1st *Agrippīna, tunica, toga, Britannia*
2nd *cubiculum, Rūfus, iter, puer, discipulus, domus, Gāius, arma, Sāturnus, marītus*
3rd *Pīsō, gladiātor, frāter*
4th *versus*
5th *diēs*

Nominative:	subject and predicate *Pīsō laetus est*
Genitive:	possession *cubiculum Rūfī, domum Līviae, frātre Līviae, diē Sāturnī*
Dative:	indirect object *lūdum gladiātōribus, discipulīs est, Gāiō placent*
Accusative:	direct object *versūs sūmit, iter facere, iter facimus, iter facitis, frātrem habet*
	object of prepositions *ad cubiculum, ad Graeciam, ad lūdum, ad Britanniam*
	place to which *ī domum!, domum it*
Ablative:	object of prepositions *in Graeciā, in lūdō, cum frātre, cum Gāiō, in Britanniā*
	time when *diē Sāturnī*
	absolute *Agrippīnā arma gerente*
Vocative:	direct address *Gāi, Rūfe, puer bone*

Pronouns:

personal:	*ego*
interrogative:	*Quid?!, Cūr?*

Adjectives:
1st/2nd *parātus, nūdus, parvus, longus, tūtus, bonus, Graecus, laetus, miser*
3rd *fortis*
noun/adjective agreement *longum iter, parvus puer, iter tūtum, iter bonum, lūdum Graecum, lūdus Graecus, Rūfus laetus, miserum Rūfum, Gāius fortis, Agrippīna parāta*

Adverbs: *iam, iterum, nōn, bene, valdē, clam*

Conjunctions: *et, quia, dum, quoque, nam, autem, sed*

Enclitics: *-ne?*

Prepositions: *ad, in, cum*

Verbs:
1st *putāre*
2nd *valēre, subrīdēre, dēbēre, habēre*
3rd *sūmere, facere, agere, gerere*

imperative:	present active *valē!, sūme!, ī!, valēte!*
indicative:	present active *sūmit, subrīdet, facimus, facitis, dēbēs, agam, putat, habet*
gerundive:	*ad itinera facienda*
infinitive:	present active *facere, īre, esse*
irregular:	*esse* (present *est, sunt, estne*)
	īre (present *eunt, it,* future *eris, eritne?, ībis, ībit*)
	posse (present *potest, potes*)
	velle (present *volō*)
indirect statement	*putat lūdum esse lūdum gladiātōribus*
	putat Gāium esse gladiātōrem
impersonal	*placet, placent*

Vocabulary

New Words & *New Forms*

discipulīs	*frātre*	*ībis*
eris	*frātrem*	**lūdō**
eritne	*gladiātōrem*	**lūdum**
eruntne	*gladiātōribus*	**lūdus**
facere	*Graeciā*	*parātī*
facitis	**Graecum**	*parātus*
	Graecus	*valēte*

Phrases/Structures & Noun/adjective Phrases

<u>Sweet Sēdecim (Top 16)</u>
esse
    laetus est
    nūdus est
    parvus est
    parvus es
    tūtum nōn est
    est bonum
    laetus eris
    discipulīs est
    gladiātor nōn est
    parātī sunt
    eritne laetus?
    estne in Britanniā?
    eritne tūtus?
habēre
    frātrem habet
    īre volō
īre
    ad cubiculum eunt
    ad Graeciam ībis
	īre volō
	    īre nōn potes
	    īre ad
	    ad lūdum ībis
	    ī domum Līviae
	    ībit diē Sāturnī
	    domum it
	    clam eunt
	    eruntne tūtī?
	placēre
	    Gāiō placent
	posse
	    facere nōn potest
	    īre nōn potes
	putāre
	    putat lūdum esse
	    putat Gāium esse
	velle
	    facere volō

<u>Other</u>
agere
    Quid agam?
dēbēre
    īre dēbēs
facere
    iter facere
    iter facimus
    iter facitis
    ad itinera facienda
	gerere
	    arma gerente
	subrīdēre
	    subrīdet
	sūmere
	    versūs sūmit
	    sūme et tunicam et togam
	valēre
	    valē!
	    valēte!

in Graeciā in lūdō lūdus Graecus	lūdum gladiātōribus cum frātre cum Gāiō

Possible Discussion Questions

Latīnē
  I. Pīsō est parātus. Quid sūmpsit?
 II. Cūr Rūfus nōn potest iter facere?
III. putatne Rūfus lūdum Graecum esse lūdum discipulōrum?
 IV. scīvitne Rūfus Līviam habēre frātrem? habēsne frātrem?
  V. estne Gāius gladiātor?
 VI. Rūfus iam est parātus. Quid sūmpsit?
VII. Quō Rūfus it? Quō Agrippīna et Pīsō eunt?
VIII. putāsne Rūfum esse tūtum cum Gāiō?
 IX. Agrippīna arma gerit. putāsne Agrippīnam et Pīsōnem esse tūtōs?
  X. putāsne Tiberium esse in Britanniā?

English
1) Piso is prepared. What did he get?
2) Why isn't Rufus able to go on the journey?
3) Does Rufus think that the Greek school is for students?
4) Did Rufus know that Livia had a brother? Do you have a brother?
5) Is Gaius a gladiator?
6) Rufus is now prepared. What did he get?
7) Where does Rufus go? Where do Agrippina and Piso go?
8) Do you think that Rufus is safe with Gaius?
9) Agrippina is wearing armor. Do you think that she and Piso are safe?
10) Do you think that Tiberius is in Britain?

Choose-Your-Own-Level

A (Alpha)

Gāius vult dēclāmitāre in Graeciā. Gāius ībit ad Graeciam. iam, Gāius it domum Līviae.

Gāius: "Līvia, Sexte, et Drūsilla, ego longum iter faciō. eritis Rōmae."

Sextus: "Quid?! Cūr longum iter facis? ego volō facere longum iter quoque! ego īre volō! īīīīre volōōōō!"

Līvia: "Sexte, nōn potes īre. longum iter nōn est tūtum. dēbēs esse Rōmae. Rōma bona est."

Drūsilla: "ego quoque volō īre ad Graeciam!"

Līvia: "Drūsilla, nōn potes!"

Sextus et Drūsilla valdē volunt iter facere. sed, Sextus et Drūsilla nōn possunt. Gāius iam iter facit.

Līvia: "valē, Gāi!"

Drūsilla et Sextus: "valē!"

Gāius: "valēte!"

iam, Gāius it domum Agrippīnae. sed, clam it. sēcrētum est Rūfum īre ad Graeciam cum Gāiō.

eritne iter ad Graeciam bonum?

eritne Rūfus...tūtus?

B (Beta)

Gāius laetus est. Gāius ad Graeciam ībit quia vult dēclāmitāre in Graeciā. parātus est. iam, domum Līviae it.

Gāius: "Līvia, Sexte, et Drūsilla, ego longum iter faciō. dum longum iter faciō, Rōmae eritis."

Sextus: "Quid?! Cūr longum iter facis? longum iter facere quoque volō! īre volō! īīīre volōōōō!"

Līvia: "Sexte, īre nōn potes. nam, parvus puer es. longum iter tūtum nōn est. Rōmae esse dēbēs. Rōma est bona."

Drūsilla: "ego quoque ad Graeciam īre volō!"

Līvia: "Drūsilla, nōn potes. līberī, Rōmae esse dēbitis."

Sextus et Drūsillae iter facere valdē volunt. līberī iter facere valdē volunt, sed iter longum est. iter facere nōn potest quia parvī līberī sunt.

Drūsilla: "Gāi, quid agēs in Graeciā?"

Gāius: "ībō ad Graeciam ad dēclāmitandum in lūdō. senātor esse volō."

Drūsilla: "lūdus Graecus dēclāmitandī?[1] bene!"
Gāius parātus est ad iter faciendum.

---

[1] **lūdus dēclāmitandī** *school for declaiming*

Līvia: "valē, Gāi!"

Drūsilla et Sextus: "valē!"

Gāius laetus est.

Gāius: "valēte!"

iam, Gāius domum Agrippīnae it, sed clam it. nam, sēcrētum est Rūfum īre ad Graeciam cum Gāiō.

eritne iter ad Graeciam bonum?

eritne Rūfus...tūtus?

Γ-Δ (Gamma-Delta)

Gāius, dēclāmitāre volēns, ad Graeciam ībit. parātus est. iam, domum Līviae venit.

Gāius: "Līvia, Sexte, et Drūsilla, longum iter faciō. dum longum iter faciō, Rōmae eritis."

Sextus: "Quid?! Cūr longum iter facis? longum iter facere quoque volō! īre volō! īīīīre volōōōō!"

Līvia: "Sexte, īre nōn potes. nam, parvus puer es, et longum iter tūtum nōn est puerō parvō. Rōmae esse dēbēs. Rōma est bona, mī fīlī!"

Drūsilla: "ego quoque ad Graeciam īre volō!"

Līvia: "Drūsilla, nōn potes. līberī, Rōmae esse dēbitis."

Sextus et Drūsillae iter facere valdē volunt, sed iter longum est līberīs parvīs. īre non possunt.

Drūsilla: "Gāi, quid agēs in Graeciā?"

Gāius: "ad Graeciam ībō ad dēclāmitandum in lūdō. senātor esse velim. iam, discendum est mihi."

Drūsilla: "lūdus Graecus dēclāmitandī?[1] bene!"

Gāius parātus est ad iter faciendum.

Līvia: "fac ut valeās, Gāi!"

Drūsilla et Sextus: "valē!"

Gāius laetus est.

Gāius: "valēte!"

iam, Gāius domum Agrippīnae it, sed clam it. nam, sēcrētum est Rūfum īre ad Graeciam cum Gāiō.

eritne iter ad Graeciam bonum?

eritne Rūfus...tūtus?

---

[1] **lūdus dēclāmitandī** *school for declaiming*

Activities
Sentences for Dictations (standard, Running, or Egg)

Pīsō laetus est, et versūs sūmit.

parātus est.

iam, Pīsō et Agrippīna ad cubiculum Rūfī eunt.

Rūfus longum iter facere nōn potest quia parvus puer est.

longum iter tūtum nōn est.

Rūfus laetus est quia putat lūdum esse lūdum gladiātōribus.

lūdus, autem, nōn gladiātōribus, sed discipulīs est! miserum Rūfum!

Gāiō arma valdē placent.

Rūfus laetus est quia putat Gāium esse gladiātōrem.

miserum Rūfum! Gāius gladiātor nōn est!

Word Clouds

<u>10 High Frequency Latin Phrases</u>

- domum Līviae
- īre nōn potes
- nōn potes īre
- diē Saturnī ībit
- putat lūdum esse
- parātī sunt
- ad Graeciam ībis
- dum euntibus
- laetus eris
- discipulīs est
- ad cubiculum eunt

10 other Latin phrases

- lūdus Graecus
- in lūdō
- ire debēs
- lūdum gladiātōribus
- ad itinera facienda
- arma gerente
- tunicam et togam
- iter facimus
- sūme et tunicam
- cum frātre
- cum Gaiō

English Quadrant Race

#1
- is on saturday
- is going to Athens
- isn't able
- is powerful

#2
- With Livia's brother
- with weapons
- with Piso
- With strength

#3
- isn't today
- thinks that Gaius is
- knows that Gaius was
- was here

#4
- are in Athens
- went yesterday
- will go
- secretly go to Britain

Choose-Your-Own-Level Glossary

By Level

A (Alpha)

ad *towards*
Agrippīna *Agrippina, Livia's neighbor and friend*
  Agrippīnae *Agrippina*
  Agrippīnam *Agrippina*
bene *good, well, "OK"*
bona *good*
  bonae *good (more than one)*
  bonī *good (more than one)*
  bonum *good*
  bonus *good*
Britanniā *Britain*
cācabō *cooking-pot*
  cācabōs *cooking-pots*
  cācabum *cooking-pot*
  cācabus *cooking-pot*
cēnam *dinner*
  cēnās *dinners*
Circō Maximō *Circus Maximus, chariot-racing stadium*
clam *secretly*
culīnā *kitchen*
  culīnam *kitchen*
cum *whenever, with*
Cūriā *meeting place of the Senate*
dēclāmitant *(more than one) declaim, practice declaiming (i.e. speaking to an audience)*
  dēclāmitāre *to declaim*
  dēclāmitat *declaims*
  dēclāmitō *I declaim*
dēfendēbat *used to defend*
  dēfendere *to defend*
  dēfendēs *you will defend*
  dēfendunt *(more than one) defend*
diē *on the day*
  diēs Iovis *day of Jove/Jupiter (i.e. Thursday)*
  diēs Mātris *day of Mars (i.e. Tuesday)*
  diēs Sāturnī *day of Saturn (i.e. Saturday)*
  diēs Veneris *day of Venus (i.e. Friday)*
domī *at home*
  domō *from the house*
  domum *to home*
Drūsilla *Drusilla, Livia's daughter*
  Drūsillae *Drusilla*
  Drūsillam *Drusilla*
eāmus! *Let's go!*
ego *I*
ēloquens *eloquent, well-spoken*
  ēloquenter *eloquently*
  ēloquentēs *eloquent (more than one)*
eō *I'm going*
erat *was*
  eris *you will be*
  erit *will be*
  eritis *you all will be*
  eritne? *Will be?*
es *you are*
  esne? *Are you?*
  esse *to be*
  est *is*
  estne? *Is?*
et *and*
eunt *(more than one) go*
facere *to do*

faciō *I do*
facis *you do*
facit *does*
Forō Rōmānō *Forum, Rome's marketplace*
  Forum Rōmānum *Forum*
frāter *brother*
  frātris *of the brother*
fūr *thief*
  fūrem *thief*
  fūrēs *thieves*
Gāi *"O, Gaius"*
  Gāiī *of Gaius (i.e. Livia's brother's)*
  Gāiō *Gaius*
  Gāium *Gaius*
  Gāius *Gaius*
gerere *to wear*
  geris *you wear*
  gerit *wears*
  gerunt *(more than one) wear*
Graeciā *Greece*
  Graeciam *Greece*
habeō *I have*
  habēmus *we have*
  habēs *you have*
  habēsne? *Do you have?*
  habet *has*
  habuit *had*
ī! *Go!*
  ībis *you will go*
  ībit *will go*
iam *now*
in *in, on*
induere *to put on*
  induit *puts on*
  induō *I put on*
īre *to go*
  it *goes*
iter *journey*
Iūlium *Julius, Livia's husband*
  Iūlius *Julius*
Līvia *Livia, our eloquent mother*
  Līviae *Livia*
  Līviam *Livia*

longum *long*
loquitur *speaks*
  loquī *to speak*
māter *mother*
  mātrēs *mothers*
  mātris *of mother*
  mātrum *of the mothers*
mea *my*
  meam *my*
  meī *my (more than one)*
  meum *my*
  meus *my*
mīles *soldier*
nocte *at night*
nōn *not, doesn't*
nox *night*
  sculpit *sculpts*
  sculpō *I'm sculpting*
parandam *for preparing*
  parāns *preparing*
  parāre *to prepare*
  parāsne? *Are you preparing?*
  parat *prepares*
  parāvī *I prepared*
  parō *I'm preparing*
pater *father*
Pīsō *Piso, Rufus' brother*
  Pīsōne *Piso*
  Pīsōnem *Piso*
  Pīsōnis *Piso*
placent *(more than one thing) is pleasing (i.e. likes)*
  placet *likes (one thing)*
possum *I'm able*
  possunt *(more than one) are able*
potes *you're able*
  potest *is able*
prō *in front of*
probābiliter *probably*
puer *boy*
  puerī *boys*
pugnāre *to fight*
Quid? *What?*
quoque *also*

rapere *to steal*
  rapit *steals*
  rapta est *was stolen*
  rapuit *stole*
Rōma *Rome*
  Rōmae *in Rome*
  Rōmam *to Rome*
Rōmāna *Roman*
  Rōmānae *Roman (more than one)*
  Rōmānī *Roman (more than one)*
Rūfī *Rufus, Sextus' friend*
  Rūfum *Rufus*
  Rūfus *Rufus*
sculpens *sculpting*
  sculpere *to sculpt*
  sculpit *is sculpting*
  sculpō *I'm sculpting*
sculptor *sculptor*
  sculptōrēs *sculptors*
  sculptōribus *sculptors*
sculptūrae *sculptures*
  sculptūrās *sculptures*
sed *but*
senātor *senator*
  senātōrem *senator*
  senātōrēs *senators*
  senātōribus *senators*
Senātū Rōmānō *Roman Senate*
Sexte! *"O, Sextus!"*
  Sextī *Sextus, Livia's son*
  Sextō *Sextus*
  Sextum *Sextus*
  Sextus *Sextus*
sēcrēta *secrets*
  sēcrētum *secret*
sit *could be*
statua *statue*
  statuā *statue*
  statuae *statues*
  statuam *statue*
  statuās *statues*
  statuīs *statues*
stola *dress*
  stolam *dress*
  stolās *dresses*
subitō! *suddenly!*
sum *I am*
  sumus *we are*
  sunt *(more than one) are*
tenera *delicate*
  tenerae *delicate (more than one)*
Tiberium *Tiberius, Agrippina's husband*
  Tiberius *Tiberius*
toga *toga*
  togae *togas*
  togam *toga*
  togās *togas*
triclīniō *dining room*
  triclīnium *dining room*
triste *sad*
  tristior *sadder*
  tristis *sad*
tunicam *tunics*
  tuncās *tunics*
tūta *safe*
  tūtae *safe (more than one)*
  tūtōs *(more than one)*
  tūtum *safe*
  tūtus *safe*
tuum *your*
urnam *water-pot*
valdē *very, really*
valē! *Goodbye!*
  valēte! *Goodbye! (more than one)*
vidēbunt *(more than one) will see*
  videntur *(more than one) are seen*
  videō *I see*
  vidēre *to see*
  videt *sees*
  vīdī *I saw*
vīs *you want*
  vīsne? *Do you want?*
volēbat *was wanting*
  volō *I want*
  voluit *wanted*
  volunt *(more than one) wanted*
vult *wants*

B (Beta)

ā/ab *away, from*
abesse *to be away, gone*
   abest *is away*
   absentibus *away (more than one)*
   absint *(more than one) could be away*
   absunt *(more than one) are away*
ad *towards*
agam *I could do*
   agāmus *we could do*
   agēs *you will do*
   agis *you do*
   agitis *you all do*
   agō *I do*
Agrippīna *Agrippina, Livia's neighbor and friend*
   Agrippīnā *Agrippina*
   Agrippīnae *Agrippina*
   Agrippīnam *Agrippina*
audiō *I hear*
   audīsne? *Do you hear?*
   audit *hears*
   audiunt *(more than one) hear*
   audīvit *heard*
   audīvitne? *Heard?*
autem *however*
bene *good, well, "OK"*
bona *good*
   bonae *good (more than one)*
   bonī *good (more than one)*
   bonum *good*
   bonus *good*
Britanniā *Britain*
cācabō *cooking-pot*
   cācabōs *cooking-pots*
   cācabum *cooking-pot*
   cācabus *cooking-pot*
cēnam *dinner*
   cēnās *dinners*
Circō Maximō *Circus Maximus, chariot-racing stadium*
clam *secretly*
clāmor *clamor, shouting*
   clāmōrem *clamor, shouting*
clārē *clearly*
cubiculō *bedroom, room*
   cubiculum *bedroom, room*
culīnā *kitchen*
   culīnam *kitchen*
cum *whenever, with*
Cūr? *Why?*
Cūriā *meeting place of the Senate*
   Cūriam *Curia*
dēbent *(more than one) should*
   dēbeō *I should*
   dēbēs *you should*
   dēbet *should*
   dēbitis *you all should*
dēclāmitandī *declaiming, practicing declaiming (i.e. speaking to an audience)*
   dēclāmitandum *for declaiming*
   dēclāmitant *(more than one) declaim*
   dēclāmitāre *to declaim*
   dēclāmitās *you declaim*
   dēclāmitat *declaims*
   dēclāmitō *I declaim*
dēfendēbam *I used to defend*
   dēfendēbat *used to defend*
   dēfendere *to defend*
   dēfendunt *(more than one) defends*
diē *on the day*
   diēs Iovis *day of Jove/Jupiter (i.e. Thursday)*
   diēs Mātris *day of Mars (i.e. Tuesday)*
   diēs Sāturnī *day of Saturn (i.e. Saturday)*
   diēs Veneris *day of Venus (i.e. Friday)*
domī *at home*
   domō *from the house*
   domum *to home*
Drūsilla *Drusilla, Livia's daughter*

Drūsillae *Drusilla*
Drūsillam *Drusilla*
ē/ex *out of, from*
eāmus! *Let's go!*
ego *I*
ēloquens *eloquent, well-spoken*
  ēloquenter *eloquently*
  ēloquentēs *eloquent (more than one)*
eram *I was*
  erat *was*
  eris *you will be*
  erit *will be*
  eritis *you all will be*
  eritne? *Will be?*
  erō *I will be*
es *you are*
  esne? *Are you?*
  esse *to be*
  est *is*
  estisne? *Are you all?*
  estne? *Is?*
et *and*
eunt *(more than one) go*
facere *to do*
  faciō *I do*
  facis *you do*
  facit *does*
Forō Rōmānō *Forum, Rome's marketplace*
  Forum Rōmānum *Forum*
frāter *brother*
  frātrem *brother*
  frātris *of the brother*
fūfe *name for Sextus, from fūfus (= gross!)*
fūr *thief*
  fūre *thief*
  fūrem *thief*
  fūrēs *thieves*
Gāi *"O, Gaius"*
  Gāiī *of Gaius (i.e. Livia's brother's)*
  Gāiō *Gaius*
  Gāium *Gaius*

  Gāius *Gaius*
gerēns *wearing*
  gerente *wearing*
  gerentem *wearing*
  gerere *to wear*
  geris *you wear*
  gerit *wears*
  gerō *I'm wearing*
  gerunt *(more than one) wear*
Graeciā *Greece*
  Graeciam *Greece*
Graecus *Greek*
habē! *Have!*
  habēbam *I had*
  habēmus *we have*
  habeō *I have*
  habēre *to have*
  habēs *you have*
  habēsne? *Do you have?*
  habet *has*
honesta *honest*
  honestē *honestly*
  honestissima *really honest*
  honestus *honest*
ī! *Go!*
  ībis *you will go*
  ībit *will go*
  ībō *I will go*
iam *now*
in *in, on*
induere *to put on*
  induit *puts on*
  induō *I put on*
īre *to go*
  it *goes*
iter *journey*
iterum *again*
Iūlium *Julius, Livia's husband*
  Iūlius *Julius*
īvī *I went*
  īvit *went*
laeta *happy*
  laetam *happy*
  laetī *happy (more than one)*

laetum *happy*
laetus *happy*
lectō *couch*
līberī *children*
  līberīs *children*
  līberōs *children*
Līvia *Livia, our eloquent mother*
  Līviā *Livia*
  Līviae *Livia*
  Līviam *Livia*
locūtus es *you spoke*
longius *longer*
  longum *long*
loquitur *speaks*
  loquī *to speak*
lūdō *school*
  lūdum *school*
  lūdus *school*
marītī *husband's*
  marītīs *husbands*
  marītum *husband*
  marītus *husband*
māter *mother*
  mātrem *mother*
  mātrēs *mothers*
  mātris *of mother*
  mātrum *of the mothers*
mea *my*
  meam *my*
  meī *my (more than one)*
  meīs *my (more than one)*
  meum *my*
  meus *my*
mēcum *with me*
mēnsā *table*
  mēnsam *table*
mihi *to me*
miseram *miserable!, poor!*
  miserās *poor! (more than one)*
  miserōs *poor! (more than one)*
  miserum *poor!*
mīles *soldier*
  mīlite *soldier*
  mīlitēs *soldiers*
  mīlitibus *soldiers*
nam *for (i.e. because)*
nihil *nothing*
nocte *at night*
nōn *not, doesn't*
nostra *our*
  nostram *our*
  nostrās *our (more than one)*
  nostrī *our (more than one)*
  nostrīs *our (more than one)*
nox *night*
parāmus *we prepare dinner*
  parandam *for preparing*
  parāns *preparing*
  parant *(more than one) prepare*
  parāre *to prepare*
  parāsne? *Are you preparing?*
  parat *prepares*
  parāta *prepared*
  parātus *prepared*
  parāvī *I prepared*
  parō *I'm preparing*
parvī *small (more than one)*
  parvus *small*
pater *father*
patriam *country*
Pīsō *Piso, Rufus' brother*
  Pīsōne *Piso*
  Pīsōnem *Piso*
  Pīsōnī *Piso*
  Pīsōnis *Piso*
placent *(more than one thing) is pleasing (i.e. likes)*
  placet *likes (one thing)*
pōne! *Put!*
  pōnit *puts*
possum *I'm able*
  possunt *(more than one) are able*
potes *you're able*
  potest *is able*
prō *in front of*
probābiliter *probably*
puer *boy*
  puerī *boys*

    puerōs *boys*
    puerum *boy*
pugnāre *to fight*
    pugnāvī *I fought*
putāns *thinking*
    putant *(more than one) think*
    putat *thinks*
    putō *I think*
quaeram *I will look for, search*
    quaere! *Search!*
    quaerēbās *you were searching*
    quaerendum *for searching*
    quaerēns *searching*
    quaeris *you search*
    quaerit *searches*
    quaerō *I'm searching*
quia *because*
Quid? *What?*
quoque *also*
rapere *to steal*
    rapiendam *for stealing*
    rapit *steals*
    rapiunt *(more than one) steal*
    rapta est *was stolen*
    raptī sunt *were stolen*
    rapuisse *to have been stolen*
    rapuit *stole*
rem *a matter, situation*
Rōma *Rome*
    Rōmae *in Rome*
    Rōmam *to Rome*
Rōmāna *Roman*
    Rōmānae *Roman (more than one)*
    Rōmānī *Roman (more than one)*
    Rōmānus *Roman*
Rūfī *Rufus, Sextus' friend*
    Rūfō *Rufus*
    Rūfum *Rufus*
    Rūfus *Rufus*
sculpere *to sculpt*
    sculpō *I'm sculpting*
sculptor *sculptor*
    sculptōrēs *sculptors*
Tiberium *Tiberius*
    Tiberius *Tiberius, Agrippina's husband*
    sculptōribus *sculptors*
sculptūrae *sculptures*
    sculptūrās *sculptures*
sed *but*
senātor *senator*
    senātōrem *senator*
    senātōrēs *senators*
    senātōribus *senators*
Senātū Rōmānō *Roman Senate*
Sexte! *"O, Sextus!"*
    Sextī *Sextus, Livia's son*
    Sextō *Sextus*
    Sextum *Sextus*
    Sextus *Sextus*
sēcrēta *secrets*
    sēcrētum *secret*
sit *could be*
statua *statue*
    statuā *statue*
    statuae *statues*
    statuam *statue*
    statuās *statues*
    statuīs *statues*
stola *dress*
    stolā *dress*
    stolae *dresses*
    stolam *dress*
    stolās *dresses*
sub *under*
subitō! *suddenly!*
subrīdet *smiles*
sum *I am*
    sumus *we are*
    sunt *(more than one) are*
sūmendam *to be picked up*
    sūmit *picks up, gets*
    sūmpsit *picked up*
tēcum *with you*
tenera *delicate*
    tenerae *delicate (more than one)*
    teneram *delicate*
    tenerās *delicate (more than one)*
    tenerum *delicate*

toga *toga*
  togae *togas*
  togam *toga*
  togās *togas*
  togātus *wearing a toga*
  togīs *togas*
triclīniō *dining room*
  triclīnium *dining room*
triste *sad*
  tristior *sadder*
  tristis *sad*
tua *your*
  tuam *your*
  tuō *your*
  tuum *your*
  tuus *your*
tunicam *tunics*
  tuncās *tunics*
tūta *safe*
  tūtae *safe (more than one)*
  tūtōs *(more than one)*
  tūtum *safe*
  tūtus *safe*

Ubi? *Where?*
urna *water-pot*
  urnam *water-pot*
  urnās *water-pots*
valdē *very, really*
valē! *Goodbye!*
  valēte! *Goodbye! (more than one)*
vidēbunt *(more than one) will see*
  videndās *for seeing*
  videndum *for seeing*
  videntur *(more than one) are seen*
  vidēre *to see*
  videt *sees*
  vidētur *is seen, seems*
  vīdī *I saw*
vīs *you want*
  vīsne? *Do you want?*
volēbat *was wanting*
  volō *I want*
  voluit *wanted*
  volunt *(more than one) wanted*
vult *wants*

Γ-Δ (Gamma-Delta)

ā/ab *away, from*
abesse *to be away, gone*
  abest *is away*
  absente *away*
  absentibus *away (more than one)*
  absint *(more than one) could be away*
  absunt *(more than one) are away*
ad *towards*
agam *I could do*
  agāmus *we could do*
  agēs *you will do*
  agis *you do*
  agitis *you all do*
  agō *I do*
Agrippīna *Agrippina, Livia's neighbor and friend*
  Agrippīnā *Agrippina*
  Agrippīnae *Agrippina*
  Agrippīnam *Agrippina*
audientēs *(more than one) hearing*
  audiō *I hear*
  audīrī *to be heard*
  audīsne? *Do you hear?*
  audit *hears*
  audītum est *was heard*
  audiunt *(more than one) hear*
  audīvit *heard*
  audīvitne? *Heard?*
autem *however*
bene *good, well, "OK"*
bona *good*
  bonae *good (more than one)*
  bonī *good (more than one)*
  bonīs *good (more than one)*
  bonum *good*
  bonus *good*
Britanniā *Britain*
cācabō *cooking-pot*
  cācabōs *cooking-pots*
  cācabum *cooking-pot*
  cācabus *cooking-pot*
cēna *dinner*
  cēnam *dinner*
  cēnās *dinners*
Circō Maximō *Circus Maximus, chariot-racing stadium*
clam *secretly*
cubiculō *bedroom, room*
  cubiculum *bedroom, room*
cui *to whom (i.e. who)*
culīnā *kitchen*
  culīnam *kitchen*
cum *whenever, with*
Cūr? *Why?*
Cūriā *meeting place of the Senate*
  Cūriam *Curia*
dēbent *(more than one) should*
  dēbeō *I should*
  dēbēs *you should*
  dēbet *should*
  dēbitis *you all should*
dēclāmitandī *declaiming, practicing declaiming (i.e. speaking to an audience)*
  dēclāmitandō *declaiming*
  dēclāmitandum *for declaiming*
  dēclāmitāns *declaiming*
  dēclāmitant *(more than one) declaim*
  dēclāmitāre *to declaim*
  dēclāmitās *you declaim*
  dēclāmitat *declaims*
  dēclāmitet *could declaim*
  dēclāmitō *I declaim*
dēfenda est *must be defended*
  dēfendās *you could defend*
  dēfendēbam *I used to defend*
  dēfendēbat *used to defend*
  dēfendere *to defend*
  dēfendī *to be defended*
  dēfendit *defends*
  dēfendunt *(more than one) defends*

diē *on the day*
  diēs Iovis *day of Jove/Jupiter*
      (i.e. Thursday)
  diēs Mātris *day of Mars*
      (i.e. Tuesday)
  diēs Sāturnī *day of Saturn*
      (i.e. Saturday)
  diēs Veneris *day of Venus*
      (i.e. Friday)
discendum est *must leave*
  discēde! *Leave!*
  discēdere *to leave*
  discēdit *leaves*
  discessī *I left*
domī *at home*
  domō *from the house*
  domum *to home*
Drūsilla *Drusilla, Livia's daughter*
  Drūsillae *Drusilla*
  Drūsillaeque *and Drusilla*
  Drūsillam *Drusilla*
dum *while*
ē/ex *out of, from*
eam *her, it*
eāmus! *Let's go!*
ego *I*
eī *to him, to her*
ēloquens *eloquent, well-spoken*
  ēloquenter *eloquently*
  ēloquenterque *and eloquently*
  ēloquentēs *eloquent*
      (more than one)
eram *I was*
  erat *was*
  eris *you will be*
  erit *will be*
  eritis *you all will be*
  eritne? *Will be?*
  erō *I will be*
es *you are*
  esne? *Are you?*
  esse *to be*
  est *is*
  estisne? *Are you all?*
  estne? *Is?*
et *and*
eunt *(more than one) go*
fac! ***Do! Make!***
  facere *to do*
  faciendum *for making*
  faciō *I do*
  facis *you do*
  facit *does*
ferēns *carrying*
  fert *carries*
fīlī *son*
  fīlia *daughter*
  fīliam *daughter*
  fīlium *son*
  fīlius *son*
Forō Rōmānō *Forum, Rome's*
      marketplace
  Forum Rōmānum *Forum*
frāter *brother*
  frātrem *brother*
  frātris *of the brother*
fruitur *derives enjoyment from*
      (i.e. likes)
  fruor *I like*
  fruuntur *(more than one) like*
frūstrā *frustratingly (i.e. in vain)*
fūfe *name for Sextus,*
    from fūfus *(= gross!)*
fūr *thief*
  fūre *thief*
  fūrem *thief*
  fūrēs *thieves*
Gāi *"O, Gaius"*
  Gāiī *of Gaius (i.e. Livia's brother's)*
  Gāiō *Gaius*
  Gāium *Gaius*
  Gāius *Gaius*
gerendō *wearing*
  gerēns *wearing*
  gerente *wearing*
  gerentem *wearing*
  gerentēs *wearing*

gerere *to wear*
geris *you wear*
gerit *wears*
gerō *I'm wearing*
gerunt *(more than one) wear*
geruntur *(more than one) are worn*
Graeciā *Greece*
Graeciam *Greece*
Graecus *Greek*
habē! *Have!*
habēbam *I had*
habēmus *we have*
habenda est *must be had*
habeō *I have*
habēre *to have*
habēs *you have*
habēsne? *Do you have?*
habet *has*
hodiē *today*
honesta *honest*
honestē *honestly*
honestissima *really honest*
honestus *honest*
honestusque *and honest*
ī! *Go!*
ībis *you will go*
ībit *will go*
ībō *I will go*
iam *now*
id *it*
in *in, on*
induat *could put on*
induendō *putting on*
induit *puts on*
induitur *is put on*
induō *I put on*
īre *to go*
it *goes*
iter *journey*
iterum *again*
Iūlium *Julius, Livia's husband*
Iūlius *Julius*
īvit *went*
laeta *happy*

laetam *happy*
laetī *happy (more than one)*
laetissima *really happy*
laetum *happy*
laetus *happy*
lectō *couch*
līberī *children*
līberīs *children*
līberōrum *of the children*
līberōs *children*
Līvia *Livia, our eloquent mother*
Līviā *Livia*
Līviae *Livia*
Līviam *Livia*
locūtus es *you spoke*
longius *longer*
longum *long*
loquentem *speaking*
loquitur *speaks*
loquī *to speak*
lūdō *school*
lūdum *school*
lūdus *school*
māne *in the morning*
marītī *husband's*
marītīs *husbands*
marītum *husband*
marītus *husband*
māter *mother*
mātre *mother*
mātrem *mother*
mātrēs *mothers*
mātribus *mothers*
mātris *of mother*
mātrum *of the mothers*
mea *my*
meam *my*
meī *my (more than one)*
meīs *my (more than one)*
meum *my*
meus *my*
mēcum *with me*
mēnsā *table*
mēnsam *table*

mihi *to me*
miseram *miserable!, poor!*
   miserās *poor! (more than one)*
   miserōs *poor! (more than one)*
   miserum *poor!*
mī *my*
mīles *soldier*
   mīlite *soldier*
   mīlitēs *soldiers*
   mīlitibus *soldiers*
multae *many*
   multās *many*
nam *for (i.e. because)*
neque *and not, neither, nor*
nihil *nothing*
nocte *at night*
nōn *not, doesn't*
noster *our*
   nostra *our*
   nostram *our*
   nostrī *our (more than one)*
   nostrīs *our (more than one)*
nox *night*
parāmus *we prepare dinner*
   paranda est *must be prepared*
   parandam *for preparing*
   parandō *preparing*
   parāns *preparing*
   parant *(more than one) prepare*
   parāre *to prepare*
   parāsne? *Are you preparing?*
   parat *prepares*
   parāta *prepared*
   parātur *is being prepared*
   parātus *prepared*
   parāvī *I prepared*
   parem *I could prepare*
   parētur *could be prepared*
   parō *I'm preparing*
parvīs *small (more than one)*
   parvō *small*
   parvus *small*
pater *father*
patria *country*
   patriam *country*
Pīsō *Piso, Rufus' brother*
   Pīsōne *Piso*
   Pīsōnem *Piso*
   Pīsōnī *Piso*
   Pīsōnis *Piso*
placent *(more than one thing) is pleasing (i.e. likes)*
   placet *likes (one thing)*
pōne! *Put!*
   pōnit *puts*
   pōnitur *is put*
   positīs *(more than one) were put*
possum *I'm able*
   possunt *(more than one) are able*
potes *you're able*
   potest *is able*
prō *in front of*
probābiliter *probably*
puer *boy*
   puerī *boys*
   puerōs *boys*
puer *boy*
   puerīs *boys*
   puerō *boy*
   puerōrum *of the boys*
   puerōs *boys*
   puerum *boy*
pugnantibus *fighting*
   pugnāre *to fight*
   pugnāvī *I fought*
putāns *thinking*
   putant *(more than one) think*
   putat *thinks*
   putō *I think*
quae *who*
quaeram *I will look for, search*
   quaerat *could search*
   quaere! *Search!*
   quaerēbās *you were searching*
   quaerendum *for searching*
   quaerēns *searching*
   quaereret *could search*
   quaeris *you search*

    quaerit *searches*
    quaerō *I'm searching*
quī *who*
quia *because*
Quid? *What?*
quoque *also*
rapere *to steal*
    rapiat *could steal*
    rapit *steals*
    rapta est *was stolen*
    raptae sunt *were stolen*
    raptam *stolen*
    raptī sunt *were stolen*
    raptīs *(more than one) stolen*
    rapuit *stole*
rem *a matter, situation*
Rōma *Rome*
    Rōmae *in Rome*
    Rōmam *to Rome*
Rōmāna *Roman*
    Rōmānae *Roman (more than one)*
    Rōmānī *Roman (more than one)*
    Rōmānīs *Roman (more than one)*
    Rōmānus *Roman*
Rūfī *Rufus, Sextus' friend*
    Rūfō *Rufus*
    Rūfum *Rufus*
    Rūfus *Rufus*
sānē *clearly*
sculpere *to sculpt*
    sculpō *I'm sculpting*
sculptor *sculptor*
    sculptōrēs *sculptors*
    sculptōribus *sculptors*
sculptūrae *sculptures*
    sculptūrās *sculptures*
    sculptūrīs *sculptures*
sed *but*
senātor *senator*
    senātōrem *senator*
    senātōrēs *senators*
    senātōribus *senators*
Senātū Rōmānō *Roman Senate*
Sexte! *"O, Sextus!"*

    Sextī *Sextus, Livia's son*
    Sextō *Sextus*
    Sextum *Sextus*
    Sextus *Sextus*
    Sextusque *and Sextus*
sēcrēta *secrets*
    sēcrētō *secret*
    sēcrētum *secret*
sim *I could be*
    sit *could be*
statua *statue*
    statuā *statue*
    statuae *statues*
    statuam *statue*
    statuaque *and statue*
    statuās *statues*
    statuīs *statues*
stola *dress*
    stolā *dress*
    stolae *dresses*
    stolam *dress*
    stolās *dresses*
    stolīs *dresses*
strepitum *a noise, crashing*
    strepitus *a noise*
sub *under*
subitō! *suddenly!*
subrīdens *smiling*
    subrīdet *smiles*
sum *I am*
    sumus *we are*
    sunt *(more than one) are*
sūmendam *to be picked up*
    sūmit *picks up, gets*
    sūmitur *is picked up*
    sūmpsit *picked up*
    sūmptus *was picked up*
tēcum *with you*
tenera *delicate*
    tenerae *delicate (more than one)*
    teneram *delicate*
    tenerās *delicate (more than one)*
    tenerum *delicate*

Tiberium *Tiberius*
   Tiberius *Tiberius, Agrippina's husband*
toga *toga*
   togae *togas*
   togam *toga*
   togās *togas*
   togātus *wearing a toga*
   togīs *togas*
triclīniō *dining room*
   triclīnium *dining room*
triste *sad*
   tristē *sadly*
   tristēs *sad (more than one)*
   tristior *sadder*
   tristis *sad*
tua *your*
   tuam *your*
   tuō *your*
   tuum *your*
   tuus *your*
tunicam *tunics*
   tuncās *tunics*
tūta *safe*
   tūtae *safe (more than one)*
   tūtōs *(more than one)*
   tūtum *safe*
   tūtus *safe*
Ubi? *Where?*
urna *water-pot*
   urnam *water-pot*
   urnās *water-pots*
ut *so that*
valdē *very, really*
valeās *you should fare well*
   valē! *Goodbye!*
   valēte! *Goodbye! (more than one)*

velim *I would like*
   velint *(more than one) would like*
   velīs *you would like*
   velīsne? *Would you like?*
   velit *would like*
vēnērunt *(more than one) arrived*
   venī! *Come!*
   venientem *arriving*
   venit *arrives*
   veniunt *(more than one) arrive*
videant *(more than one) could see*
   videantur *(more than one) could seem*
   videat *could see*
   vidēbitur *will be seen*
   videndās *for seeing*
   vidēns *seeing*
   videntur *(more than one) are seen*
   vidēre *to see*
   vidēret *could see*
   videt *sees*
   vidētur *is seen, seems*
   vīdī *I saw*
vīs *you want*
   vīsne? *Do you want?*
vīsam est *was seen*
volēbat *was wanting*
   volēns *wanting*
   volente *wanting*
   volō *I want*
   voluit *wanted*
   volunt *(more than one) wanted*
vult *wants*

Index Verbōrum

A
ā/ab *away, from, by*
abesse *to be away, gone*
    videt fūrem abesse *sees that the thief is gone*
    vidētur abesse *seems to be gone*
  abest *is away*
    urna mea abest *my water-pot is gone*
    statua abest *the statue is gone*
    fūr abest *the thief is gone*
  absente *away*
    fūre absente *with the thief gone*
  absentibus *away (more than one)*
    līberīs absentibus *since the children are away*
    marītīs absentibus nostrīs *with our husbands away*
  absint *(more than one) could be away*
    cum absint *whenever they are away*
  absunt *(more than one) are away*
    marītī nostrī absunt *our husbands are away*
    līberī absunt *children are away*
ad *towards*
agam *I could do*
    Quid agam?! *What should I do?!*
  agāmus *we could do*
    Quid agāmus?! *What should we do?!*
  agēs *you will do*
    Quid agēs? *What will you do?*
  agis *you do*
    Quid agis? *What are you doing?*
  agitis *you all do*
    Quid agitis, līberī? *What are you doing, children?*
  agō *I do*
    nihil agō *I'm not doing anything*
Agrippīna *Agrippina, Livia's neighbor and friend*
  Agrippīnā *Agrippina*
    ab Agrippīnā *by Agrippina*
    ab Agrippīnā *from Agrippina*
    cum Agrippīnā *with Agrippina*
  Agrippīnae *Agrippina*
    Agrippīnae placet *Agrippina likes*
    urnam Agrippīnae *Agrippina's water-pot*
    marītus Agrippīnae *Agrippina's husband*
    domum Agrippīnae *Agrippina's house*
  Agrippīnam *Agrippina*
    Agrippīnam videt *sees Agrippina*

audientēs *(more than one) hearing*
    strepitum audientēs *hearing a noise*
  audiō *I hear*
    audiō *I hear it*
  audīrī *to be heard*
    audīrī potest *is able to be heard*
  audīsne? *Do you hear?*
    audīsne clāmōrem? *Do you hear a clamor?*
    audīsne strepitum? *Do you hear a noise?*
  audit *hears*
    clāmōrem audit *hears a clamor*
    strepitum audit *hears a noise*
    Sextum audit *hears Sextus*
    Drūsillam audit *hears Drusilla*
    mātrem audit *hears mother*
    fīlium audit *hears her son*
    fīliam audit *hears her daughter*
  audītum est *was heard*
    nōn bene audītum est *wasn't heard well*
  audiunt *(more than one) hear*
    audiunt Sextum dēclāmitāre *hear Sextus declaiming*
    audiunt clāmōrem *hear a clamor*
  audīvit *heard*
    probābiliter nōn audīvit *she probably didn't hear*
  audīvitne? *Heard?*
    audīvitne Agrippīna? *Did Agrippina hear?*
autem *however*

B
bene *good, well, "OK"*
bona *good*
    māter bona et honesta *a good and honest mother*
  bonae *good (more than one)*
    mātrēs bonae *good mothers*
  bonī *good (more than one)*
    bonī Rōmānī *good Romans*
    līberī bonī *good children*
  bonīs *good (more than one)*
    ā Rōmānīs bonīs *by good Romans*
  bonō *good*
    bonō Rōmānō *good Roman*
  bonum *good*
    cācabum bonum *good cooking-pot*
    senātōrem bonum *good senator*
    iter bonum *good journey*
  bonus *good*
    puer bonus *good boy*
    mīles bonus *good soldier*

    bonus senātor *good senator*
Britanniā *Britain*
    in Britanniā *in Britain*
    ā Britanniā *from Britain*

C

cācabō *cooking-pot*
    cum cācabō *with the cooking-pot*
    parāvī cēnam cācabō *I prepared dinner with the cooking-pot*
  cācabōs *cooking-pots*
    habet cācabōs *has cooking-pots*
  cācabum *cooking-pot*
    habēre cācabum *to have a cooking-pot*
    volō cācabum *I want the cooking-pot*
    cācabum sūmit *picks up the cooking-pot*
    cācabum ferēns *carrying the cooking-pot*
    nōn videō cācabum *I don't see a cooking-pot*
    rapit cācabum *steals the cooking-pot*
    ad cācabum quaerendum *to look for the cooking-pot*
  cācabus *cooking-pot*
cēna *dinner*
  cēnam *dinner*
    vīsne cēnam? *Do you want dinner?*
    velīsne cēnam? *Would you like dinner?*
    cēnam parāre *to prepare dinner*
  cēnās *dinners*
    cēnās parāre *to prepare dinners*
Circō Maximō *Circus Maximus, chariot-racing stadium*
    in Circō Maximō *in the Circus Maximus*
clam *secretly*
clāmor *clamor, shouting*
  clāmōrem *clamor, shouting*
    clāmōrem audit *hears a clamor*
    putat clāmōrem esse *thinks that the clamor is*
clārē *clearly*
cubiculō *bedroom, room*
    in cubiculō *in the room*
  cubiculum *bedroom, room*
cui *to whom (i.e. who)*
    puer, cui placent *a boy, who likes*
    māter, cui nōn placent *a mother, who doesn't like*
culīnā *kitchen*
    in culīnā *in the kitchen*
    ē culīnā *out from the kitchen*
    ā culīnā discēdit *leaves the kitchen*
  culīnam *kitchen*
    it in culīnam *goes into the kitchen*
cum *whenever, with*

Cūr? *Why?*
Cūriā *meeting place of the Senate*
    in Cūriā *in the Curia*

D

dēbent *(more than one) should*
    mātrēs nōn dēbent *mothers shouldn't*
  dēbeō *I should*
    gerere dēbeō *I should wear*
    dēbeō esse *I ought to be*
    cēnam parāre dēbeō *I should prepare dinner*
    dēbeō induere *I ought to put on*
    dēbeō domum īre *I ought to go home*
  dēbēs *you should*
    dēbēs gerere *you should wear*
    dēbēs dēfendere *you should defend*
    esse dēbēs *you should be*
  dēbet *should*
    dēfendere dēbet *ought to defend*
    esse dēbet *should be*
    dēfendī dēbet *should be defended*
    īre dēbet tēcum *ought to go with you*
  dēbitis *you all should*
    esse dēbitis *you all ought to be*
dēclāmitandī *declaiming, practicing declaiming (i.e. speaking to an audience)*
    lūdus dēclāmitandī *school for declaiming*
  dēclāmitandō *declaiming*
    dēclāmitandō fruitur *likes declaiming*
  dēclāmitandum *for declaiming*
    parāta ad dēclāmitandum *prepared for declaiming*
  dēclāmitāns *declaiming*
    Sextus dēclāmitāns *Sextus, declaiming*
  dēclāmitant *(more than one) declaim*
    mātrēs nōn dēclāmitant *mothers don't declaim*
    senātōrēs dēclāmitant *senators declaim*
  dēclāmitāre *to declaim*
    dēlcāmitāre nōn dēbent *shouldn't declaim*
    placet dēclāmitāre *likes to declaim*
    dēclāmitāre velle *to want to declaim*
    nōn potest dēclāmitāre *isn't able to declaim*
    audiunt Sextum dēclāmitāre *hear Sextus declaiming*
  dēclāmitās *you declaim*
    ēloquenter dēclāmitās *you declaim eloquently*
  dēclāmitat *declaims*
    clam domī dēclāmitat *secretly declaims at home*
  dēclāmitet *could declaim*
    ut dēclāmitet *in order to declaim*
  dēclāmitō *I declaim*

   ēloquenter dēclāmitō *I elouently declaim*
   dēlclāmitō frūstrā *I declaim in vain*
dēfenda est *must be defended*
   patria dēfenda est *the country must be defended*
  dēfendās *you could defend*
   ut patriam dēfendās *in order to defend the country*
  dēfendēbam *I used to defend*
   patriam dēfendēbam *I used to defend the country*
  dēfendēbat *used to defend*
   Rōmam dēfendēbat *used to defend Rome*
   patriam dēfendēbat *used to defend the country*
  dēfendere *to defend*
   dēfendere Rōmam *to defend Rome*
  dēfendēs *you will defend*
   dēfendēs Rōmam *you will defend Rome*
  dēfendī *to be defended*
   dēfendī dēbet *should be defended*
  dēfendit *defends*
   Rōmānus, quī patriam dēfendit *a Roman, who defends the country*
  dēfendunt *(more than one) defends*
   dēfendunt Rōmam *defend Rome*
diē *on the day, during the day*
   ībō diē *I'll go during the day*
  diēs Iovis *day of Jove/Jupiter (i.e. Thursday)*
  diēs Mātris *day of Mars (i.e. Tuesday)*
  diēs Sāturnī *day of Saturn (i.e. Saturday)*
  diēs Veneris *day of Venus (i.e. Friday)*
discendum est *must leave*
   discendum est mihi *for me there must be leaving (i.e. I must leave)*
  discēde! *Leave!*
  discēdere *to leave*
   discēdere vult *wants to leave*
  discēdit *leaves*
   domō discēdit *leaves the house*
   ā culīnā discēdit *leaves the kitchen*
   ā triclīniō discēdit *leaves the dining room*
  discessī *I left*
   domī discessī *I left home*
domī *at home*
  domō *from the house, the house*
   domō īre *to go away from the house*
   domō discēdere *to leave the house*
   in domō tuō *in your house*
   ē domō nocte *out of the house at night*
  domum *to home*
   domum īre *to go home*
   domum venit *comes home*

Drūsilla *Drusilla, Livia's daughter*
  Drūsillae *Drusilla*
    māter et pater Drūsillae *mother and father of Drusilla*
    Drūsillae habenda est *must be had for Drusilla (i.e. Drusilla must have)*
  Drūsillaeque *and Drusilla*
  Drūsillam *Drusilla*
    Drūsillam audit *hears Drusilla*
    videt Drūsillam *sees Drusilla*
dum *while*

E, F

ē/ex *out of, from*
eam *her, it*
eāmus! *Let's go!*
ego *I*
eī *to him, her*
    eī placet *she likes*
ēloquens *eloquent, well-spoken*
    māter ēloquens *eloquent mother*
  ēloquente *eloquent*
    ā mātre ēloquente *by the eloquent mother*
  ēloquenter *eloquently*
    ēloquenter dēclāmitat *eloquently declaims*
  ēloquenterque *and eloquently*
  ēloquentēs *eloquent (more than one)*
    volunt esse ēloquentēs *want to be eloquent*
eō *I'm going*
    eō domum Agrippīnae *I'm going to Agrippina's house*
eram *I was*
  erat *was*
  eris *you will be*
  erit *will be*
  eritis *you all will be*
  eritne? *Will be?*
  erō *I will be*
es *you are, Be!*
  esne? *Are you?*
  esse *to be*
  est *is*
  estisne? *Are you all?*
  estne? *Is?*
et *and, both...and...*
eunt *(more than one) go*
    eunt ad *go towards*
    eunt domum *go home*
fac! *Do! Make!*
    fac ut valeās *see to it that you fare well (i.e. take care)*
  facere *to do*

      iter facere *to go on a journey*
- **faciendum** *for doing*
  - ad iter faciendum *in order to go on a journey*
- **faciō** *I do*
  - iter faciō *I'm going on a journey*
- **facis** *you do*
  - iter facis *you're going on a journey*
- **facit** *does*
  - iter facit *is going on a journey*
- <u>**ferēns**</u> *carrying*
  - cācabum ferēns *carrying the cooking-pot*
  - stolam ferēns *carrying the dress*
  - **fert** *carries*
    - in triclīnium fert *carries into the dining room*
    - ad mēnsam fert *carries to the table*
- <u>**filī**</u> *son*
  - nihil, mī filī *nothing, my son*
  - **filia** *daughter*
  - **filiam** *daughter*
    - filiam audit *hears her daughter*
  - **filium** *son*
    - ut filium videat *in order to see her son*
    - videt filium sculpere *sees her son sculpting*
    - filium audit *hears her son*
  - **filius** *son*
- <u>**Forō Rōmānō**</u> *Forum, Rome's marketplace*
  - in Forō Rōmānō *in the Forum*
  - **Forum Rōmānum** *Forum*
- <u>**frāter**</u> *brother*
  - **frātrem** *brother*
    - frātrem videt *sees brother*
  - **frātris** *of the brother*
    - sunt frātris meī *they're my brother's*
- <u>**fruitur**</u> *derives enjoyment from (i.e. likes)*
  - dēclāmitandō fruitur *likes declaiming*
  - sculptūrīs fruitur *likes sculptures*
  - stolās induendō fruitur *likes putting on dresses*
  - cēnās parandō fruitur *likes preparing dinners*
  - sēcrētō fruitur *likes the secret*
  - **fruor** *I like*
    - sculptūrīs fruor *I like sculptures*
    - togam gerendō fruor *I like wearing a toga*
  - **fruuntur** *(more than one) like*
    - stolīs fruuntur *like stolas*
    - togīs fruuntur *like togas*
- <u>**frūstrā**</u> *frustratingly (i.e. in vain)*
- <u>**fūfe**</u> *name for Sextus, from* fūfus (= *gross!*)

fūr *thief*
  fūre *thief*
    ā fūre *by the thief*
  fūrem *thief*
    putō fūrem rapuisse *I think that the thief stole*
    videt fūrem abesse *sees that the thief is gone*
    fūrem quaerere *to look for the thief*
    in fūrem pugnāvī *I fought against the thief*
  fūrēs *thieves*

G

Gāi *"O, Gaius"*
  Gāiī *of Gaius (i.e. Livia's brother's)*
    sunt Gāiī *they're Gaius'*
  Gāiō *Gaius*
    cum Gāiō *with Gaius*
  Gāium *Gaius*
    Gāium vidēre *to see Gaius*
  Gāius *Gaius*
gerendō *wearing*
    togam gerendō fruor *I like wearing a toga*
  gerēns *wearing*
    togam gerēns *wearing a toga*
  gerente *wearing*
    Līviā gerente stolam *with Livia wearing a dress*
  gerentem *wearing*
    Līviam togam gerentem nōn vidēbunt *won't see Livia wearing a dress*
  gerentēs *wearing*
    togās gerentēs *wearing togas*
  gerere *to wear*
    nōn possum gerere *I'm not able to wear*
  geris *you wear*
    togam nōn geris *you're not wearing a toga*
  gerit *wears*
    tunicam gerit *is wearing a tunic*
    nōn gerit togam *isn't wearing a toga*
    stolās gerit *wears dresses*
  gerō *I'm wearing*
    togam gerō *I'm wearing toga*
  gerunt *(more than one) wear*
    gerunt stolās *wear dresses*
    togās gerunt *wear togas*
  geruntur *(more than one) are worn*
    nōn stolae, sed tunicae geruntur *not dresses, but tunics are worn*
    ā mātribus nōn geruntur *aren't worn by mothers*
Graeciā *Greece*
    in Graeciā *in Greece*
  Graeciam *Greece*

    ad Graeciam *to Greece*
Graecus *Greek*

H
habē! *Have!*
    habē cācabum! *Have the cooking-pot!*
habēbam *I had*
    habēbam urnam tuam *I had your water-pot*
habēmus *we have*
    habēmus statuās *we have statues*
habenda est *must be had*
    mihi habenda est *to me it must be had (i.e. I must have)*
    Drūsillae habenda est *must be had for Drusilla (i.e. Drusilla must have)*
    Sextō habenda est *must be had for Sextus (i.e. Sextus must have)*
habeō *I have*
    nōn habeō urnam *I don't have a water-pot*
    habeō cācabum *I have a cooking-pot*
    id nōn habeō *I don't have it*
    nōn habeō stolam *I don't have a dress*
    togam habeō *I have a toga*
habēre *to have*
    vīsne habēre? *Do you want to have?*
    velīsne habēre? *Would you like to have?*
    videt fūrem habēre *sees that the thief has*
habēs *you have*
    habēs statuam et togam *you have a statue and toga*
habēsne? *Do you have?*
    habēsne urnam? *Do you have a water-pot?*
    habēsne statuās? *Do you have statues?*
habet *has*
    sēcrētum habet *has a secret*
    habet cācabōs *has cooking-pots*
    habet statuam *has the statue*
    habet stolās *has dresses*
habuit *had*
    habuit cācabum *had a cooking-pot*
hodiē *today*
honesta *honest*
    māter bona et honesta *a good and honest mother*
    honesta sum *I'm honest!*
honestē *honestly*
    honestē loquī *to speak honestly*
honestissima *really honest*
    Līvia honestissima est *Livia is really honest!*
honestus *honest*
    Gāius honestus *honest Gaius*
honestusque *and honest*

I, L

ī! *Go!*
>domō ī! *Go away from the house!*

ībis *you will go*
>ībis ad Graeciam *you'll go to Greece*

ībit *will go*
>ībit ad Graeciam *will go to Greece*

ībō *I will go*
>ībō diē *I'll go during the day*

iam *now*

id *it*

in *in, on*

induat *could put on*
>ut stolam induat *in order to put on the dress*

induendō *putting on*
>stolās induendō fruitur *likes putting on dresses*

induere *to put on*
>stolās induere *to put on dresses*

induit *puts on*
>induit togam *puts on a toga*
>stolam induit *puts on a dress*

induitur *is put on*
>ā Līviā induitur *is put on by Livia*

induō *I put on*
>induō togam *I put on a toga*

īre *to go*
>vīsne īre? *Do you want to go?*
>velīsne īre? *Would you like to go?*
>volō Rūfum īre *I want Rufus to go*

it *goes*
>domum it *goes home*
>it in *goes into*
>it ad *goes towards*

iter *journey*

iterum *again*

Iūlium *Julius, Livia's husband*
>vidēre Iūlium *to see Julius*

Iūlius *Julius*

īvī *I went*
>domō īvī *I went away from the house*

īvit *went*
>īvit ad sculptūrās videndās *went to see sculptures*
>ad Cūriam īvit *went to the Curia*

laeta *happy*
>laeta sum *I'm happy*

laetam *happy*
>esse laetam *to be happy*

laetī *happy (more than one)*

       laetī sumus *we're happy*
  laetissima *really happy*
       Līvia laetissima *Livia, really happy*
  laetum *happy*
       laetum Sextum! *Happy Sextus!*
       laetum fīlium! *Happy son!*
  laetus *happy*
lectō *couch*
       sub lectō *under the couch*
līberī *children*
  līberīs *children*
       līberīs absentibus *since the children are away*
       līberīs meīs *for my children*
       parvīs līberīs *for small children*
  līberōrum *of the children*
       māter līberōrum *mother of children*
  līberōs *children*
       vult līberōs esse *wants children to be*
Līvia *Livia, our eloquent mother*
  Līviā *Livia*
       Līviā volente *with Livia wanting*
       Līviā gerente stolam *with Livia wearing a dress*
       ā Līviā sūmitur *is picked up by Livia*
       Līviā nihil vidente *with Livia seeing nothing*
  Līviae *Livia*
       Līviae placet *Livia likes*
       domō Līviae it *goes away from Livia's house*
       habet cācabum Līviae *has Livia's cooking-pot*
  Līviam *Livia*
       Līviam audit *hears Livia*
       nōn vidēbunt Līviam *won't see Livia*
locūtus es *you spoke*
       Cūr locūtus es? *Why did you speak?*
longius *longer*
       iter longius *longer journey*
  longum *long*
       iter longum *long journey*
loquentem *speaking*
       mātrem loquentem audit *hears the speaking mother*
  loquitur *speaks*
       loquitur cum *speaks with*
  loquī *to speak*
       potest loquī *able to speak*
lūdō *school*
       in lūdō *in a school*
  lūdum *school*
       īre ad lūdum *to go to a school*
  lūdus *school*

M

māne *in the morning*

marītī *husband's*
- **marītīs** *husbands*
    - marītīs absentibus nostrīs *with our husbands away*
- **marītum** *husband*
    - vidēre marītum *to see a husband*
- **marītus** *husband*

māter *mother*
- **mātre** *mother*
    - ā mātre *by the mother*
- **mātrem** *mother*
    - vult mātrem esse *wants mother to be*
    - mātrem audit *hears mother*
    - putat mātrem īre *thinks that mother is going*
- **mātrēs** *mothers*
    - putant mātrēs esse *think that mothers are*
- **mātribus** *mothers*
    - ā mātribus nōn geruntur *aren't worn by mothers*
- **mātris** *of mother*
    - sēcrētum mātris *mother's secret*
- **mātrum** *of the mothers*
    - sēcrēta mātrum *mothers' secrets*

mea *my*
- urna mea *my water-pot*
- mea fīlia *my daughter*
- stola mea *my dress*
- **meam** *my*
    - urnam et stolam meam *my water-pot and my dress*
- **meī** *my (more than one)*
    - sunt frātris meī *they're my brother's*
- **meīs** *my (more than one)*
    - līberīs meīs *for my children*
- **meum** *my*
    - sēcrētum meum *my secret*
- **meus** *my*
    - frāter meus *my brother*

mēcum *with me*

mēnsā *table*
- sub mēnsā *under the table*
- in mēnsā *on the table*
- **mēnsam** *table*
    - ad mēnsam fert *carries to the table*

mī *my*
- nihil, mī fīlī *nothing, my son*

mihi *to me, for me*
- mihi nōn placent *aren't pleasing to me (i.e. I don't like)*
- cēna paranda est mihi *for me, must be prepared (i.e. I must prepare)*

mihi habenda est *to me it must be had (i.e. I must have)*

mīles *soldier*
- **mīlite** *soldier*
  - cum mīlite *with a soldier*
- **mīlitēs** *soldiers*
- **mīlitibus** *soldiers*
  - cum mīlitibus *with soldiers*

miseram *miserable!, poor!*
- miseram Agrippīnam! *Poor Agrippina!*
- miseram Līviam! *Poor Livia!*
- miseram mātrem! *Poor mother!*

miserās *poor! (more than one)*
- miserās mātrēs! *Poor mothers!*

miserōs *poor! (more than one)*
- miserōs puerōs! *Poor boys!*

miserum *poor!*
- miserum Sextum! *Poor Sextus!*
- miserum Pīsōnem! *Poor Piso!*

multae *many*
- multae mātrēs *many mothers*

multās *many*
- stolās multās *many dresses*

N

nam *for (i.e. because)*

neque *and not, neither, nor*

nihil *nothing*
- nihil agō *I'm not doing anything*

nocte *at night*
- nōn bene videt nocte *doesn't see well at night*

nōn *not, doesn't*

noster *our*
- cācabus noster *our cooking-pot*
- pater noster *our father*

nostra *our*
- statua nostra *our statue*

nostram *our*
- statuam nostram *our statue*

nostrās *our (more than one)*
- urnās nostrās rapiunt *are stealing our water-pots*

nostrī *our (more than one)*
- marītī nostrī absunt *our husbands are away*

nostrīs *our (more than one)*
- marītīs absentibus nostrīs *with our husbands away*
- urnīs nostrīs raptīs *with our water-pots stolen*

nox *night*

p

parāmus *we prepare dinner*
    cēnam parāmus *we prepare dinner*
  paranda est *must be prepared*
    cēna paranda est mihi *for me, must be prepared (i.e. I must prepare)*
  parandam *for preparing*
    ad cēnam parandam *to prepare dinner*
  parandō *preparing*
    cēnās parandō fruitur *likes preparing dinners*
  parāns *preparing*
    cēnam parāns in culīnā *preparing dinner in the kitchen*
  parant *(more than one) prepare*
    cēnam parant diē *prepare dinner during the day*
  parāre *to prepare*
    cēnās parāre *to prepare dinners*
  parāsne? *Are you preparing?*
    parāsne cēnam? *Are you preparing dinner?*
  parat *prepares*
    cēnās parat *prepares dinners*
  parāta *prepared*
    parāta ad dēclāmitandum *prepared for declaiming*
  parātur *is being prepared*
    cēna iam parātur *dinner is now being prepared*
  parātus *prepared*
    parātus est *is prepared*
  parāvī *I prepared*
    parāvī cēnam cācabō *I prepared dinner with the cooking-pot*
  parem *I could prepare*
    ut parem *so I prepare*
  parēs *you could prepare*
    ut cēnam parēs *so you could prepare dinner*
  parētur *could be prepared*
    ut cēna parētur *so that dinner shall be prepared*
  parō *I'm preparing*
    parō cēnam *I'm preparing dinner*
parvī *small (more than one)*
    parvī līberī *small children*
  parvīs *small (more than one)*
    parvīs līberīs *for small children*
  parvō *small*
    parvō puerō *for a small boy*
  parvus *small*
    parvus puer *small boy*
pater *father*
patria *country*
  patriam *country*
    patriam dēfendere *to defend the country*
Pīsō *Piso, Rufus' brother*

Pīsōne *Piso*
    cum Pīsōne *with Piso*
Pīsōnem *Piso*
    videt Pīsōnem *sees Piso*
Pīsōnī *Piso*
    cēnam parāre Pīsōnī *to prepare dinner for Piso*
Pīsōnis *Piso*
    māter et pater Pīsōnis *mother and father of Piso*
    frāter Pīsōnis, Rūfus *Piso's brother, Rufus*
placent *(more than one thing) is pleasing (i.e. likes more than one thing)*
    Sextō placent *Sextus likes*
    sculptūrae placent *scluptures are pleasing*
    mihi nōn placent *aren't pleasing to me (i.e. I don't like)*
    senātōribus placent *senators like*
  placet *likes (one thing)*
    Līviae placet *Livia likes*
    Agrippīnae placet *Agrippina likes*
    eī placet *she likes*
pōne! *Put! Place!*
    pōne cācabum! *Put the cooking-pot!*
  pōnit *puts*
    sub mēnsā pōnit *places under the table*
  pōnitur *is put, placed*
    sub lectō pōnitur *placed under the couch*
    ab Agrippīnā pōnitur *is placed by Agrippina*
  positīs *(more than one) were put, placed*
    togā et statuā positīs *with the toga and statue placed*
possum *I'm able*
    et gerere et dēclāmitāre possum *I'm able to wear and to declaim*
    possum rapere *I can steal*
    nōn possum esse *I'm not able to be*
  possunt *(more than one) are able*
    mātrēs nōn possunt esse *mothers aren't able to be*
potes *you're able*
    esse potes *you're able to be*
    nōn potes īre *you're not able to go*
  potest *is able*
    nōn potest bene sculpere *isn't able to sculpt well*
    nōn potest dēclāmitāre *isn't able to declaim*
    vidēre potest *able to see*
    audīrī potest *is able to be heard*
    potest loquī *able to speak*
    potest īre *is able to go*
prō *in front of*
probābiliter *probably*
puer *boy*
  puerī *boys*
  puerīs *boys*

ā puerīs Rōmānīs *by Roman boys*
- **puerō** *boy*
    - puerō parvō *for a small boy*
- **puerōrum** *of the boys*
    - māter puerōrum *mother of boys*
- **puerōs** *boys*
    - miserōs puerōs! *Poor boys!*
- **puerum** *boy*
    - vult puerum esse *wants the boy to be*
- **pugnantibus** *fighting*
    - marītīs pugnantibus *fighting husbands*
- **pugnāre** *to fight*
    - vult pugnāre *wants to fight*
- **pugnāvī** *I fought*
    - iam pugnāvī *I just fought*
- **putāns** *thinking*
    - rem putāns *considering the matter*
- **putant** *(more than one) think*
    - putant mātrēs esse *think that mothers are*
- **putat** *thinks*
    - rem putat *considers the matter*
    - putat clāmōrem esse *thinks that the clamor is*
    - putat strepitum esse *thinks that a noise is*
    - putat Tiberium esse *thinks that Tiberius is*
- **putō** *I think*
    - putō fūrem rapuisse *I think that the thief stole*
    - putō raptam esse ā fūre *I think that it was stolen by a thief*
    - putō stolam esse *I think that the dress is*
    - putō stolam vīsam esse *I think that the dress was seen*
    - putat mātrem īre *thinks that mother is going*

Q, R

- **quae** *which, who*
- **quaeram** *I will look for, search*
    - quaeram cācabum *I will look for a cooking-pot*
- **quaerat** *could search*
    - ut cācabum quaerat *in order to search for a cooking-pot*
- **quaere!** *Search!*
    - quaere stolam! *Look for the dress!*
- **quaerēbās** *you were searching*
    - quaerēbās fūrem?! *You were searching for a thief?!*
- **quaerendum** *for searching*
    - ad cācabum quaerendum *to look for the cooking-pot*
    - ad fūrem quaerendum *to search for the thief*
- **quaerēns** *searching*
    - fūrem quaerēns *searching for the thief*
- **quaereret** *could search*

    ut fūrem quaereret *in order to search for the thief*
- **quaeris** *you search*
    - quaeris frūstrā *you're searching in vain*
- **quaerit** *searches*
    - statuam quaerit *searches for the statue*
    - fūrem quaerit *is looking for the thief*
- **quaerō** *I'm searching*
    - urnam quaerō *I'm searching for a water-pot*
    - cācabum quaerō *I'm searching for a cooking-pot*
    - stolam quaerō *I'm searching for the dress*

quī *who*
quia *because*
Quid? *What?*
quoque *also*
rapere *to steal*
    possum rapere *I can steal*
- **rapiat** *could steal*
    - ut stolam rapiat *in order to steal a dress*
- **rapiendam** *for stealing*
    - ad stolam rapiendam *to steal a dress*
- **rapit** *steals*
    - rapit cācabum *steals the cooking-pot*
- **rapiunt** *(more than one) steal*
    - urnās nostrās rapiunt *are stealing our water-pots*
- **rapta est** *was stolen*
    - urna rapta est *the water-pot was stolen*
    - stola rapta est *the dress was stolen*
- **raptae sunt** *(more than one) were stolen*
    - probābiliter raptae sunt *were probably stolen*
- **raptam** *stolen*
    - putō raptam esse *I think that it was stolen*
- **raptī sunt** *(more than one) were stolen*
    - raptī sunt ā fūre *were stollent by the thief*
- **raptīs** *(more than one) stolen*
    - urnīs nostrīs raptīs ā fūre *with our water-pots stolen by a thief*
- **rapuisse** *to have been stolen*
    - putō fūrem rapuisse *I think that the thief stole*
- **rapuit** *stole*
    - rapuit urnam *stole the water-pot*

rem *a matter, situation*
    rem putat *considers the matter*
Rōma *Rome*
- **Rōmae** *in Rome*
    - sunt fūrēs Rōmae *there are thieves in Rome*
- **Rōmam** *Rome, to Rome*
    - dēfendunt Rōmam *defend Rome*
    - Rōmam vēnērunt *have come to Rome*

Rōmāna *Roman*

    māter Rōmāna *Roman mother*
Rōmānae *Roman (more than one)*
    mātrēs Rōmānae *Roman mothers*
Rōmānī *Roman (more than one)*
    bonī Rōmānī *good Romans*
    puerī Rōmānī *Roman boys*
Rōmānīs *Roman (more than one)*
    ab Rōmānīs nōn vidēbitur *won't be seen by Romans*
Rōmānus *Roman*
    puer Rōmānus *Roman boy*
Rūfī *Rufus, Sextus' friend*
    māter et pater Rūfī *mother and father of Rufus*
Rūfō *Rufus*
    cēnam parāre Rūfō *to prepare dinner for Rufus*
Rūfum *Rufus*
    volō Rūfum īre *I want Rufus to go*
Rūfus *Rufus*

S

sānē *clearly*
sculpens *sculpting*
    sculpens, Sextus nōn gerit *sculpting, Sextus doesn't wear*
sculpere *to sculpt*
    sculpere volō *I want to sculpt*
    videt Sextum sculpere *sees Sextus sculpting*
    nōn potest bene sculpere *isn't able to sculpt well*
sculpit *sculpts*
    Sextus sculpit *Sexus is sculpting*
sculpō *I'm sculpting*
    ego sculpō *I'm sculpting*
sculptor *sculptor*
  sculptōrēs *sculptors*
  sculptōribus *sculptors*
    prō sculptōribus *in front of sculptors*
sculptūrae *sculptures*
  sculptūrās *sculptures*
    vidēre sculptūrās *to see sculptures*
    ad sculptūrās videndās *in order to see sculptures*
  sculptūrīs *sculptures*
    sculptūrīs fruitur *likes sculptures*
sēcrēta *secrets*
  sēcrētō *secret*
    sēcrētō fruitur *likes the secret*
  sēcrētum *secret*
sed *but*
senātor *senator*
  senātōrem *senator*
    esse senātōrem *to be a senator*

senātōrēs *senators*
senātōribus *senators*
    prō senātoribus *in front of senators*
    senātōribus placent *senators like*
Senātū Rōmānō *Roman Senate*
    in Senātū Rōmānō *in the Roman senate*
Sexte! *"O, Sextus!"*
  Sextī *Sextus, Livia's son*
    māter et pater Sextī *mother and father of Sextus*
    ad cubiculum Sextī *to Sextus' room*
  Sextō *Sextus*
    Sextō placent *Sextus likes*
    cum Sextō *with Sextus*
    Sextō habenda est *must be had for Sextus (i.e. Sextus must have)*
  Sextum *Sextus*
    videt Sextum sculpere *sees Sextus sculpting*
    Sextum audit *hears Sextus*
    volō Sextum esse *I want Sextus to be*
    audiunt Sextum dēclāmitāre *hear Sextus declaiming*
    velim Sextum esse *I would like Sextus to be*
    videt Sextum esse *sees that Sextus is*
  Sextus *Sextus*
  Sextusque *and Sextus*
sim *I could be*
    ut tenera sim *so I'm delicate*
sit *could be*
    ut sēcrētum tūtum sit *so that the secret is safe*
    ut laeta sit *in order to be happy*
    Ubi sit?! *Where could he be?!*
statua *statue*
  statuā *statue*
    prō statuā *in front of a statue*
    togā et statuā positīs *with the toga and statue placed*
    cum statuā *with a statue*
  statuae *statues*
  statuam *statue*
    vidēre statuam *to see the statue*
    statuam quaerit *searches for the statue*
    rapit statuam *steals the statue*
  statuaque *and a statue*
  statuās *statues*
    habēre statuās *to have statues*
  statuīs *statues*
    prō statuīs *in front of statues*
stola *dress*
  stolā *dress*
    cum stolā *with a dress*
  stolae *dresses*
  stolam *dress*

      stolam induere *to put on a dress*
      volō stolam meam *I want my dress*
      stolam pōnit *puts the dress*
      putō stolam esse *I think that the dress is*
      quaere stolam! *Look for the dress!*
      stolam ferēns *carrying the dress*
      putō stolam vīsam esse *I think that the dress was seen*
      rapere stolam *to steal a dress*
      ad stolam sūmendam *to get the dress*
  stolās *dresses*
      gerere stolās *to wear dresses*
      stolās induere *to put on dresses*
      habēre stolās *to have dresses*
  stolīs *dresses*
      stolīs fruuntur *like stolas*
strepitum *a noise, crashing*
      strepitum audīre *to hear a noise*
      putat strepitum esse *thinks that a noise is*
  strepitus *a noise*
sub *under*
subitō! *suddenly!*
subrīdens *smiling*
  subrīdet *smiles*
sum *I am*
  sumus *we are*
sūmendam *to be picked up, get*
      ad stolam sūmendam *to get the dress*
  sūmit *picks up*
      togam sūmit *picks up a toga*
      cācabum sūmit *picks up the cooking-pot*
  sūmitur *is picked up*
      ā Līviā sūmitur *is picked up by Livia*
  sūmpsit *picked up*
      cācabum sūmpsit *she got a cooking-pot*
  sūmptus est *was picked up*
      cācabus sūmptus est *the cooking-pot was picked up*
sunt *(more than one) are*

T

tēcum *with you*
tenera *delicate*
      tenera māter *delicate mother*
  tenerae *delicate (more than one)*
      mātrēs tenerae *delicate mothers*
  teneram *delicate*
      stolam teneram *delicate dress*
  tenerās *delicate (more than one)*
      esse tenerās *to be delicate*

tenerum *delicate*
    tenerum esse *to be delicate*
Tiberium *Tiberius, Agrippina's husband*
    vidēre Tiberium *to see Tiberius*
    putat Tiberium esse *thinks that Tiberius is*
  Tiberius *Tiberius*
toga *toga*
  togā *toga*
    togā et statuā positīs *with the toga and statue placed*
  togae *togas*
  togam *toga*
    induere togam *to put on a toga*
    nōn gerit togam *isn't wearing a toga*
    togam sūmit *picks up a toga*
    togam gerendō fruor *I like wearing a toga*
    togam habēre *to have a toga*
  togās *togas*
    gerere togās *to wear togas*
  togātus *wearing a toga*
    Sextus togātus *Sextus, wearing a toga*
  togīs *togas*
    sub togīs *under togas*
    togīs fruuntur *like togas*
triclīniō *dining room*
    ē triclīniō *out from the dining room*
    in triclīniō *in the dining room*
    ā triclīniō discēdit *leaves the dining room*
  triclīnium *dining room*
    in triclīnium fert *carries into the dining room*
    ad triclīnium *to the dining room*
triste *sad*
    est triste *it's sad*
  tristē *sadly*
  tristēs *sad (more than one)*
    tristēs sumus *we're sad*
  tristior *sadder*
    erit tristior *will be sadder*
  tristis *sad*
    tristis est *is sad*
    vidētur esse tristis *seems to be sad*
tua *your*
    urna tua *your water-pot*
  tuam *your*
    habēbam urnam tuam *I had your water-pot*
  tuō *your*
    in cubiculō tuō *in your room*
    cācabō tuō *with your cooking-pot*
    in domō tuō *in your house*

tuum *your*
    cācabum tuum *your cooking-pot*
tuus *your*
    marītus tuus *your husband*
    frāter tuus *your brother*

tunicae *tunics*
  tunicam *tunics*
    tunicam gerit *is wearing a tunic*
  tuncās *tunics*
    gerere tunicās *to wear tunics*

tūta *safe*
    iam es tūta *now you're safe*
  tūtae *safe (more than one)*
    nōn sumus tūtae *we're not safe*
  tūtōs *(more than one)*
    esse tūtōs *to be safe*
  tūtum *safe*
    sēcrētum tūtum *safe secret*
  tūtus *safe*
    Rūfus tūtus *safe Rufus*

U, V

Ubi? *Where?*

urna *water-pot*
  urnam *water-pot*
    urnam habēre *to have a water-pot*
    urnam volō *I want a water-pot*
    urnam rapere *to steal a water-pot*
    urnam quaerere *to look for a water-pot*
  urnās *water-pots*
    urnās nostrās rapiunt *are stealing our water-pots*
  urnīs *water-pots*
    urnīs nostrīs raptīs *with our water-pots stolen*

ut *so that*

valdē *very, really*

valeās *you should fare well*
    fac ut valeās *see to it that you fare well (i.e. take care)*
  valē! *Goodbye!*
  valēte! *Goodbye! (more than one)*

velim *I would like*
    esse velim *I'd like to be*
    habēre velim *I'd like to have*
    velim Sextum esse *I would like Sextus to be*
    dēclāmitāre velim *I would like to declaim*
  velint *(more than one) would like*
    ēloquentēs esse velint *would like to be eloquent*
  velīs? *You would like?*
    esse nōn velīs?! *You wouldn't like to be?!*

velīsne? *Would you like?*
    velīsne cēnam? *Would you like dinner?*
    velīsne īre? *Would you like to go?*
    velīsne esse? *Would you like to be?*
    velīsne habēre? *Would you like to have?*
    velīsne cācabum tuum? *Would you like your cooking-pot?*
    velīsne quoque? *Would you also like?*
velit *would like*
    dēclāmitāre velit *would like to declaim*
    esse velit *would like to be*
vēnērunt *(more than one) arrived*
    Rōmam vēnērunt *have come to Rome*
venī! *Come!*
venientem *arriving*
    Agrippīnam venientem *Agrippina arriving*
venit *arrives*
    domum venit *comes home*
    in culīnam venit *comes into the kitchen*
veniunt *(more than one) arrive*
    domum veniunt *come home*
videant *(more than one) could see*
    ut Gāium videant *in order to see Gaius*
videantur *(more than one) could seem*
    ut esse videantur *in order to seem to be*
videat *could see*
    ut videat *in order to see*
vidēbitur *will be seen*
    ab Rōmānīs nōn vidēbitur *won't be seen by Romans*
vidēbunt *will see*
    nōn vidēbunt *won't see*
videndās *for seeing*
    ad sculptūrās videndās *in order to see sculptures*
videndum *for seeing*
    ad Gāium videndum *in order to see Gaius*
vidēns *seeing*
    nōn bene vidēns nocte *not seeing well at night*
vidente *seeing*
    Līviā nihil vidente *with Livia seeing nothing*
videntur *(more than one) are seen, seem*
    videntur esse tenerae *seem to be delicate*
videō *I see*
    nōn videō cācabum *I don't see a cooking-pot*
    nōn videō fūrem *I don't see the thief*
vidēre *to see*
    vidēre sculptūrās *to see sculptures*
    vidēre statuam *to see the statue*
    vidēre fūrem *to see a thief*
vidēret *could see*

   ut sculptūrās vidēret *in order to see sculptures*
 videt *sees*
   videt Sextum sculpere *sees Sextus sculpting*
   videt Sextum gerere *sees Setus wearing*
   videt fūrem habēre *sees that the thief has*
   videt fūrem abesse *sees that the thief is gone*
   videt Sextum esse *sees that Sextus is*
 vidētur *is seen, seems*
   vidētur esse tristis *seems to be sad*
   vidētur abesse *seems to be gone*
 vīdī *I saw*
   statuam vīdī *I saw the statue*
   vīdī fūrem īre *I saw a thief going*
 vīsam esse *to be seen*
   putō stolam vīsam esse *I think that the dress was seen*
vīs *you want*
   nōn vīs esse sculptor?! *You don't want to be a sculptor?!*
 vīsne? *Do you want?*
   vīsne īre? *Do you want to go?*
   vīsne vidēre? *Do you want to see?*
   vīsne cēnam? *Do you want dinner?*
   vīsne habēre? *Do you want to have?*
volēbat *was wanting*
   volēbat vidēre *wanted to see*
 volēns *wanting*
   dēclāmitāre volēns *wanting to declaim*
 volente *wanting*
   Līviā volente *with Livia wanting*
 volō *I want*
   volō vidēre *I want to see*
   sculpere volō *I want to sculpt*
   volō esse *I want to be*
   volō parāre cēnam *I want to prepare dinner*
   volō Sextum esse *I want Sextus to be*
   īre volō *I want to go*
   volō Rūfum īre *I want Rufus to go*
 voluit *wanted*
   voluit sēcrētum esse *wanted the secret to be*
 volunt *(more than one) wanted*
   volunt esse ēloquentēs *want to be eloquent*
vult *wants*
   vult sēcrētum esse *wants the secret to be*
   vult esse *wants to be*
   sculpere vult *wants to sculpt*
   nōn vult dēfendere *doesn't want to defend*
   dēclāmitāre vult *wants to declaim*
   vult mātrem esse *wants mother to be*
   vult vidēre statuam *wants to see the statue*
   vult pugnāre *wants to fight*

vult induere *wants to put on*
īre vult *wants to go*
loquī vult *wants to speak*
vult līberōs esse *wants children to be*
discēdere vult *wants to leave*
vult rapere stolam *wants to steal a dress*
vult puerum esse *wants the boy to be*
vult Agrippīnam vidēre *wants Agrippina to see*

Made in the USA
Lexington, KY
29 September 2018